ANDROID

Aprende desde cero a crear aplicaciones

ANDROID

Aprende desde cero a crear aplicaciones

José Dimas Luján Castillo

Diseño de colección, cubierta
y pre-impresión: *GRUPO RC*

Datos catalográficos

Luján, José Dimas
Android. Aprende desde cero a crear aplicaciones
Primera Edición

Alfaomega Grupo Editor, S.A. de C.V., México

ISBN: 978-607-622-435-9

Formato: 17 x 23 cm   Páginas: 280

Android. Aprende desde cero a crear aplicaciones
José Dimas Luján Castillo
ISBN: 978-84-943055-8-0 edición original publicada por RC Libros, Madrid, España
Derechos reservados © 2015 RC Libros
Primera edición: Alfaomega Grupo Editor, México, mayo 2015
Sexta reimpresión: Alfaomega Grupo Editor, México, septiembre 2015

© 2015 Alfaomega Grupo Editor, S.A. de C.V.
Pitágoras 1139, Col. Del Valle, 03100, México D.F.

Miembro de la Cámara Nacional de la Industria Editorial Mexicana
Registro No. 2317

Pág. Web: **http://www.alfaomega.com.mx**
E-mail: **atencionalcliente@alfaomega.com.mx**

ISBN: 978-607-622-435-9

Nota importante:
La información contenida en esta obra tiene un fin exclusivamente didáctico y, por lo tanto,
no está previsto su aprovechamiento a nivel profesional o industrial. Las indicaciones técnicas
y programas incluidos, han sido elaborados con gran cuidado por el autor y reproducidos bajo
estrictas normas de control. ALFAOMEGA GRUPO EDITOR, S.A. de C.V. no será
jurídicamente responsable por: errores u omisiones; daños y perjuicios que se pudieran
atribuir al uso de la información comprendida en este libro, ni por la utilización indebida que
pudiera dársele.

Edición autorizada para venta en México y todo el continente americano.

Impreso en México. Printed in Mexico.

Empresas del grupo:

México: Alfaomega Grupo Editor, S.A. de C.V. – Pitágoras 1139, Col. Del Valle, México, D.F. – C.P. 03100.
Tel.: (52-55) 5575-5022 – Fax: (52-55) 5575-2420 / 2490. Sin costo: 01-800-020-4396
E-mail: atencionalcliente@alfaomega.com.mx

Colombia: Alfaomega Colombiana S.A. – Calle 62 No. 20-46, Barrio San Luis, Bogotá, Colombia,
Tels.: (57-1) 746 0102 / 210 0415 – E-mail: cliente@alfaomega.com.co

Chile: Alfaomega Grupo Editor, S.A. – Av. Providencia 1443. Oficina 24, Santiago, Chile
Tel.: (56-2) 2235-4248 – Fax: (56-2) 2235-5786 – E-mail: agechile@alfaomega.cl

Argentina: Alfaomega Grupo Editor Argentino, S.A. – Paraguay 1307 P.B. Of. 11, C.P. 1057, Buenos Aires,
Argentina, – Tel./Fax: (54-11) 4811-0887 y 4811 7183 – E-mail: ventas@alfaomegaeditor.com.ar

ÍNDICE

PREFACIO

Con la evolución constante de la tecnología y la gran necesidad de la humanidad por la comunicación, la evolución de los dispositivos móviles es una de las prioridades para las grandes compañías tecnológicas. Esto llevó a la evolución del celular o del móvil a una nueva generación llamada "teléfonos inteligentes".

Los teléfonos inteligentes dieron como resultado la implementacion de software complejo al que conocemos como sistema operativo. En los últimos tiempos la batalla de los sistemas operativos para dispositivos ha mostrado grandes cambios, desde compañías que han desaparecido a otras que han adquirido a los viejos competidores y han llegado finalmente a grandes alianzas tecnológicas.

Android es el sistema operativo más usado en dispositivos móviles, teniendo una introducción distinta por países y regiones. Pero llegando en algunas zonas hasta el 93% del mercado.

Android tiene detrás el lenguaje de programación JAVA, viejo conocido de la industria del software y que es uno de los lenguajes preferidos para el desarrollo de software robusto por su estabilidad y gran cantidad de herramientas con las que cuenta. Aunque sea JAVA el lenguaje fundamental de Android, para Android utilizamos algunas clases e instrucciones especiales, asi que conocer JAVA es de gran ayuda, pero aun así se tienen que conocer las particularidades y funcionalidades del sistema operativo.

Acerca del autor

El autor de este libro es un apasionado de la tecnología y la docencia. Comenzó en el mundo de la programación con el lenguaje BASIC a los 13 años de edad. Es colaborador habitual de comunidades en español en temas como el desarrollo de videojuegos, la programación orientada a objetos, el desarrollo web y los dispositivos móviles.

José Dimas Luján Castillo nació en 1986 tiene el grado de Maestría en Tecnologías de Información. Como docente ha colaborado con más de 10 universidades a nivel presencial en Latinoamérica en los niveles de Licenciatura y Maestría. En Educación en Línea es colaborador de las plataformas más importantes a nivel mundial con más de 45 cursos en línea en la actualidad; además, de ser conferenciante habitual de eventos tecnológicos apoyando siempre la adopción de nuevas tecnologías.

Para que el lector pueda consultar y contactar con el autor, puede localizarlo en redes sociales con el alias josedlujan, twitter, Facebook, entre otras. En su web: www.josedlujan.com, o por correo electrónico a josedlujan@gmail.com; y el código de los ejemplos incluidos en el libro: https://github.com/josedlujan/LibroAndroid-aprende-desde-cero-a-crearaplicaciones

Agradecimientos

Este libro es el resultado de un camino largo en el mundo de la tecnología y que sin el apoyo de ciertas personas no se hubiera podido lograr. El primer agradecimiento es a mis padres, José y Fabiola, que siempre me motivaron al estudio y a tener paciencia para lograr los objetivos que uno se plantea. Otra persona es mi pareja Noemí, que además de su apoyo diario y soportar ausencias, tuvo tiempo de revisar y sugerir temas, verificando textos para mejorarlos. Agradezco al señor Luis Berganza, que ha sido mi compañero en los últimos 3 años en cursos y proyectos. Asimismo, compartimos una filosofía sobre la tecnología y la docencia a la que tengo fe hoy en día. Finalmente, a Miguel Ángel, una persona que me amplió el panorama y me adoptó dentro de la gran comunidad que fundó hace unos años: desarrolloweb.com

ANDROID: INTRODUCCIÓN 1

Una de las industrias con más avances en los últimos años es la de los dispositivos móviles, con la evolución de estos a lo que ahora conocemos como los teléfonos inteligentes o *smartphones,* la industria del software y hardware en ellos encontró un gran reto, lograr el funcionamiento y la comunicación de una forma rápida, flexible y que cumpla las necesidades del usuario. Este nuevo reto se vio como una gran oportunidad para las grandes empresas tecnológicas de la actualidad como Apple, Google, Microsoft, Samsung, entre otras.

Actualmente esta batalla tecnológica ya pasó a otros planos con el uso de los mismos sistemas operativos que se diseñaron en un principio para móviles, ahora estos funcionan en otros dispositivos e industrias, como, por ejemplo, tabletas, relojes, coches, gafas, etc. Estos cambios van creando un ecosistema más complejo para el software al que se le debe dedicar horas de estudio, esfuerzo, aprendizaje y pruebas. Todo esto para obtener un producto que pueda cumplir las expectativas del usuario, además de generar una diferencia que genere valor para el mismo.

El mercado actual cuenta con la supremacía para dos de estos sistemas operativos, Android e iOS, siendo el primero el que cuenta con la mayor cantidad de dispositivos en activo y con una clara diferencia. Google en sus últimas presentaciones del año 2013 publicó que había 900 millones de dispositivos Android activos, además hizo una proyección que de continuar el crecimiento para 2014 contaría con 1000 millones de dispositivos activos para finales de ese año.

Acerca de este libro

Este libro va dirigido a los desarrolladores interesados en dar los primeros pasos en el mundo del desarrollo móvil Android con escasos o nulos conocimientos en Java. Será un inicio sólido para estudiantes, docentes, investigadores que quieren implementar la tecnología Android en sus proyectos.

Android es un sistema operativo, no es un lenguaje de programación (Java, C++, Python, entre otros), por ello es una tecnología mucho más compleja que aquellos. Este libro comienza desde cero y lleva al lector a un nivel intermedio en algunos conocimientos, a conocer las principales características del mundo de las aplicaciones móviles y a explicar ciertos puntos clave que causan problemas a cualquier desarrollador que se inicia en esta tecnología.

El libro incluye impresiones de pantalla para facilitar al lector la comprensión de algunos ejercicios, además de para poder mostrar la información de una manera mucho más práctica.

CONOCIENDO ANDROID 2

Historia

El sistema operativo Android fue desarrollado por la compañía Android Inc., fundada en el año 2003 que fue adquirida por Google unos años después, la fecha exacta julio de 2005.

La OHA (*Open Handset Alliance*) se fundó en 2007 y es comandada por compañías de la importancia de Google, HTC, LG, Motorola, entre otras. Esta alianza empresarial se encontraba trabajando detrás del producto "Android" al llegar el día del lanzamiento (23 de septiembre de 2008).

Para Android ser un producto de OHA fue uno de los movimientos claves, ya que ser una plataforma libre y que los fabricantes podían implementar y adaptar a sus dispositivos, empezó a generar interés en los fabricantes de móviles, ya que se resolvía la problemática del software y ahora los fabricantes de dispositivos solo tenían que centrarse únicamente en el hardware.

Versiones de Android

Las versiones de Android siempre reciben su nombre a partir de un postre, este va cambiando en orden alfabético y en el idioma inglés.

- A - Apple Pie. Versión 1.0

- B - Banana Bread. Versión V 1.1

- C - Cupcake. Versión V1.5

- D - Donut. Versión V1.6

- E - Éclair. Versión V2.0

- F - Froyo. Versión V2.2

- G - Gingerbread. Versión V2.3

- H - Honeycomb. Versión V3.0

- I - Icecream Sandwich. Versión V4.0

- J - Jelly Bean. Versión V4.1

- K - KitKat. Versión V4.4

- L - Lollipop. Versión V5.0

Estructura

Android es un sistema operativo basado en el kernel de Linux, a este se le suman otras capas en su estructura como la capa de librerías, la capa de frameworks y la de aplicaciones. El sistema, además, cuenta con una máquina virtual, anteriormente llamada Dalvik; en la versión 5.0 de Android hizo el cambio definitivo a una nueva máquina virtual denominada ART.

En la siguiente imagen podemos ver una representación gráfica de la estructura de Android, los nombres los mantendremos en inglés para respetar el concepto que maneja la documentación oficial.

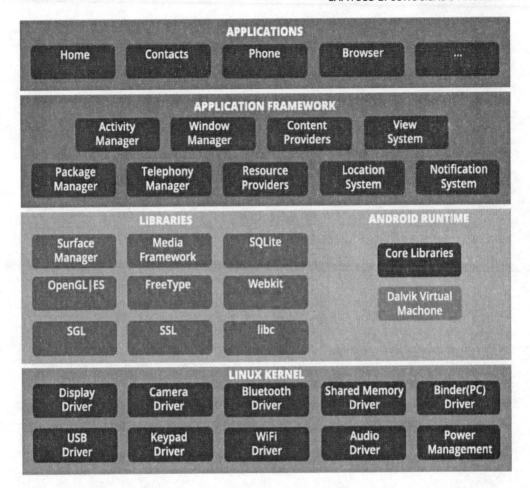

Linux Kernel

Esta capa es el corazón de Android, ya que en él se realiza el manejo de memoria, procesos, drivers y energía. Estas son solo algunas de las tareas principales que se realizan en esta capa. Aquí es donde se logra la comunicación con el hardware del equipo. Podríamos decir que gracias a esta capa no tenemos que lidiar con la gran cantidad de hardware que podemos encontrarnos por cada dispositivo fabricado, solo nos tenemos que preocupar por la "cámara" del móvil y no por la cámara X del modelo Y del fabricante Z; para nosotros solo es la "cámara".

Libraries

En esta capa hallamos librerías nativas de Android que se encuentran escritas en C o C++ para realizar tareas específicas.

- Surface Manager: Gestiona el acceso a la pantalla.
- Media Framework: Reproduce imágenes, audio y vídeo.
- SQLite: Bases de Datos SQLite.
- WebKit: Navegador nativo de Android.
- SGL: Gráficos 2D.
- OpenGL: Gráficos 3D.
- Freetype: Renderizar vectores o imágenes.

Android Runtime

Este componente hasta hace poco era la máquina virtual Dalvik, actualmente la máquina virtual es ART. La máquina virtual de Android no es la misma que la JVM o *Java Virtual Machine*, por eso el código escrito en Java no es automáticamente funcional para Android, este tiene que ser escrito exclusivamente para Android, por las librerías y otras partes que no se tienen contempladas, además de que el ByteCode que se genera al compilar para Java es inservible para la máquina virtual de Android.

Application Framework

Esta capa es visible para el desarrollador ya que los componentes que contiene forman parte de muchos de los desarrollos que estaremos realizando.

- Activity Manager: Administra las actividades de nuestra aplicación y el ciclo de vida.
- Windows Manager: Administra lo que se muestra en la pantalla.
- Content Provider: Administra, dependiendo de cómo le indiquemos, algunos contenidos. Puede ser que necesitemos encapsular para enviar o compartir información.
- View: Las vistas de elementos que son parte de la interfaz gráfica, como los mapas, cuadros de texto, etc.
- Notification Manager: Administra las notificaciones.

- Package Manager: Administra los paquetes y nos permite el uso de archivos en otros paquetes.
- Telephony Manager: Administra lo que tiene que ver con la telefonía, como por ejemplo las llamadas y los mensajes.
- Resource Manager: Administra los recursos de la aplicación, como los xml, sonidos, imágenes.
- Location Manager: Gestiona la posición geográfica.
- Sensor Manager: Gestiona los sensores que tenemos en el dispositivo.
- Multimedia: Administra lo referente a vídeo, audio e imágenes.

Applications

Podemos considerarla como la última capa si estamos dentro del sistema operativo, es decir, que es la capa en la que interactúa el usuario. Aquí es donde hallamos las aplicaciones como la de mensajes, el navegador y todas las demás que utiliza el usuario en el funcionamiento diario en su dispositivo móvil. Si el usuario instala una aplicación, esta es la capa en donde queda instalada.

ENTORNO DE DESARROLLO 3

El entorno de desarrollo Android es el conjunto de herramientas que vamos a necesitar implementar para programar una aplicación Android.

Antes de comenzar a preparar nuestro entorno de desarrollo, debemos dejar claro cuáles son los 4 elementos involucrados en el desarrollo de aplicaciones Android, ya que podemos tener diferentes herramientas. También podemos descargar algún paquete que ya tenga todo listo y configurado, pero no dejará de tener estos cuatro elementos.

- Java

- IDE

- Android SDK

- ADT

Vamos a ir avanzando en el mismo orden en el que se encuentran en la lista anterior.

Java

Java es el lenguaje de programación que usamos para escribir el código para generar aplicaciones, en realidad lo que sucede es que usamos Java y a este se le suman Clases, API's y otras características exclusivas de Android. El primer paso es tener Java solamente, sin todo esto que acabamos de comentar de Android.

Java actualmente es de Oracle y podemos instalarlo y/o utilizarlo sin ningún problema. Tenemos que ir a la página oficial de Oracle de descargas para obtenerlo:

http://www.oracle.com/technetwork/java/javase/downloads/index.html

Nota: también se puede teclear en cualquier buscador las palabras: "Java JDK Download" y los primeros enlaces dirigen a la sección de descargas de forma directa. Esto es en el caso de que Oracle cambie la URL de la descarga.

Vamos a encontrar diferentes versiones, lo que nos interesa descargar es el **Java JDK (*Java Development Kit*)** que es el kit de desarrollo de Java, este es muy variable ya que se mantiene actualizado de primera mano, esto quiere decir que vamos a ir viendo con el paso del tiempo que el número de versión es diferente, pero esto no importa ya que la versión que estamos viendo siempre en el primer cuadro (la primera opción que nos pone Oracle siempre en la web) es la versión estable que ellos recomiendan para desarrollo y siempre debería de funcionar de forma correcta.

En la parte de la descarga siempre nos dan dos opciones como vemos en la siguiente imagen.

- **Opción 1(izquierda):** Es solamente el Java JDK.
- **Opción 2(derecha):** Es el JDK y además es el IDE llamado NetBeans, en este también se puede desarrollar una aplicación Android, pero como la mayoría del mercado actual vamos a usar Eclipse como IDE para el desarrollo de nuestras aplicaciones Android.

Después de seleccionar la descarga siempre nos va a decir que aceptemos la licencia antes de descargar Java, después de aceptar tenemos que seleccionar la opción que necesitamos para nuestro PC.

Recordar que la versión que necesitamos depende de nuestro equipo, no podemos indicar siempre una ya que sería algo incorrecto.

The JDK includes tools useful for developing and testing programs written in the Java programming language and running on the Java platform.

See also:

- Java Developer Newsletter (tick the checkbox under Subscription Center > Oracle Technology News)
- Java Developer Day hands-on workshops (free) and other events
- Java Magazine

JDK MD5 Checksum

Looking for JDK 8 on ARM?
JDK 8 for ARM downloads have moved to the JDK 8 for ARM download page.

Java SE Development Kit 8u25

You must accept the Oracle Binary Code License Agreement for Java SE to download this software.

○ Accept License Agreement   ⦿ Decline License Agreement

Product / File Description	File Size	Download
Linux x86	135.24 MB	jdk-8u25-linux-i586.rpm
Linux x86	154.88 MB	jdk-8u25-linux-i586.tar.gz
Linux x64	135.6 MB	jdk-8u25-linux-x64.rpm
Linux x64	153.42 MB	jdk-8u25-linux-x64.tar.gz
Mac OS X x64	209.13 MB	jdk-8u25-macosx-x64.dmg
Solaris SPARC 64-bit (SVR4 package)	137.01 MB	jdk-8u25-solaris-sparcv9.tar.Z
Solaris SPARC 64-bit	97.14 MB	jdk-8u25-solaris-sparcv9.tar.gz
Solaris x64 (SVR4 package)	137.11 MB	jdk-8u25-solaris-x64.tar.Z
Solaris x64	94.24 MB	jdk-8u25-solaris-x64.tar.gz
Windows x86	157.26 MB	jdk-8u25-windows-i586.exe
Windows x64	169.62 MB	jdk-8u25-windows-x64.exe

En el caso de:

- Windows. Se tiene que verificar si la versión es el procesador de 32 bits o 64 bits.
- Linux. En el caso de Linux tenemos que ver si es de 32 bits o 64 bits y además si la descarga se quiere con RPM o TAR.
- Mac. En este caso solo tenemos una opción que es para una máquina con MAC OS de 64 bits.

Después de realizar la descarga, la instalación se realiza como cualquier aplicación dependiendo del sistema operativo utilizado.

IDE – Eclipse

El IDE *(Integrated Development Environment)* en su traducción significa "Entorno de Desarrollo Integrado". El IDE es un conjunto de herramientas de programación que nos permite desarrollar diferentes actividades como: programar, ejecutar, compilar, corregir, buscar errores, entre otras.

Actualmente Android tiene 2 opciones interesantes para trabajar, Eclipse y Android Studio.

Android Studio es el IDE que Google proporciona a los desarrolladores, el problema es que es muy nuevo (apenas tiene un año de vida) y además aún está en fase de pruebas, no contamos con la versión 1.0 para trabajar. Al no ser ni siquiera la versión definitiva, dedicarnos ahora a trabajar con una versión no madura podría ser muy aventurado. Probablemente con un par de años se vuelva el IDE por excelencia de la comunidad de desarrolladores Android.

Eclipse por otro lado es el IDE que está desde los inicios de Android, es una herramienta madura que ya tiene muchos problemas resueltos y es el más adoptado por la comunidad Android en el mundo del desarrollo. Nosotros usaremos Eclipse a lo largo de este libro.

Eclipse es un proyecto "open source" así que no tenemos problemas de licencia al utilizarlo. Vamos a la página oficial del proyecto para descargarlo:

<u>http://www.eclipse.org/</u>

Nos dirigimos a la sección de descargas y nos dará diferentes versiones disponibles.

Nota: por defecto nos da la versión disponible para nuestro sistema operativo que detectó el navegador, en el caso de que veamos que no coincide con el mismo debemos seleccionarlo por nuestra cuenta.

Vamos a constatar que tenemos versiones de Eclipse ya preparadas para funcionar con diferentes lenguajes de programación o tecnologías. En el caso de Android se utiliza la versión que lleva por nombre *"Eclipse IDE for Java Developers"*. Solamente tenemos que fijarnos en algo similar a lo que sucede con Java, si coincide con las características de nuestro procesador, puede ser de 32 o 64 bits.

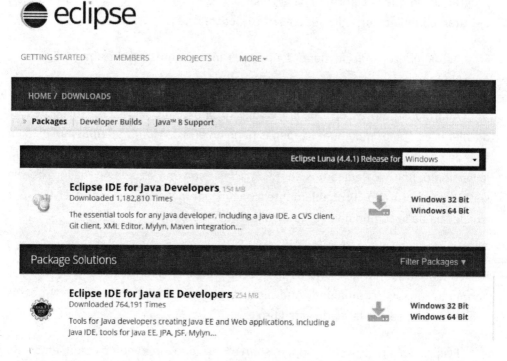

El archivo de descarga se va a encontrar comprimido, por lo tanto, lo que tenemos que hacer es descomprimir y colocarlo en un directorio.

Algo que debemos saber es que Eclipse no se instala, Eclipse funciona de la siguiente manera: siempre que lo ejecutamos este comienza a cargar los archivos necesarios y solicita un área de trabajo (en inglés: *workspace*) para guardar los archivos que tenga que crear en el momento que nosotros creamos un archivo o un proyecto. Podemos indicar que siempre nos pregunte el área de trabajo o que siempre sea la misma y no vuelva a preguntar. Funciona con la lógica de los programas "Portables".

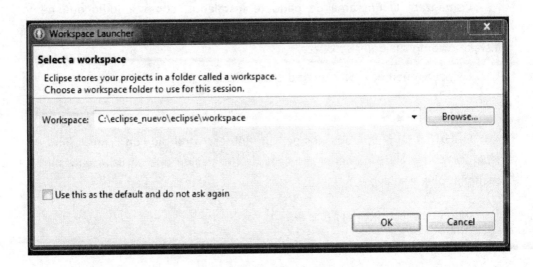

Finalmente, tenemos Eclipse en nuestro equipo.

Android SDK

El SDK es lo que necesitamos añadir a Java para poder crear aplicaciones Android, este lo proporciona Google ya que es la empresa que está detrás de Android. Podemos descargarlo en la siguiente URL:

http://developer.android.com/sdk/index.html

Nota: también se puede ir a un buscador y colocar "Android SDK Download" y los primeros enlaces nos enviarán a la página "developer.android.com" que es el sitio oficial de Android y nos proporcionará la descarga de todo lo que necesitamos, incluido el SDK.

Dentro de esta página vamos a la opción: "GET THE SDK FOR AN EXISTING IDE" que en español significa: "Obtener el SDK para una versión existente del IDE". Así ya tenemos el IDE, y que solo nos interesa el SDK.

Nos aparece un botón para descargar y hacemos clic, después de esto nos explica los términos y las condiciones, después de leerlo hacemos clic para obtener la descarga del SDK.

Comenzará la descarga de paquete instalador, como todo lo que hemos descargado dependerá del sistema operativo, después solo tendremos que instalarlo como cualquier software.

Listo, ya tenemos el SDK de Android instalado.

ADT Plugin

El ADT es un plugin que nos permite integrar Android con Eclipse. Para esto tenemos que seguir una serie de pasos de instalación que se usan para agregar cualquier plugin a Eclipse.

Vamos a ir a la URL del ADT:

http://developer.android.com/tools/sdk/eclipse-adt.html

Nota: podemos acceder también desde cualquier navegador y escribir "ADT android download" y los primeros enlaces nos llevarán a la web de "developer.android.com" concretamente al apartado de descarga del ADT.

Después, seguimos las instrucciones que son las siguientes:

- Abrir Eclipse.
- Ir a la sección *"Help"* y seleccionar *"Install New Software"*.
- Hacer clic en el botón *"Add"* para agregar un repositorio.
- En el recuadro *"Location"* colocar la ruta del plugin, se puede copiar de la web del ADT o teclear lo siguiente:

https://dl-ssl.google.com/android/eclipse

Después, seleccionar la casilla de *"Developer Tools"* para comenzar la instalación y hacer clic en *"Next"* las veces que lo solicite y aceptar la licencia.

Listo, tenemos el ADT en nuestro Eclipse.

Descargar versiones de Android para trabajar

Ya tenemos todo listo, pero necesitamos algo más, descargar las versiones de Android con las que queremos programar.

Debemos aclarar que podemos descargar desde la versión primera de Android hasta la última al día que estamos deseando hacer la descarga, pero esto no es necesario ya que Android se maneja por un orden que son las API´s.

- Android 1.5 - API 3
- Android 1.6 - API 4
- Android 2.1 - API7
- Android 2.2 - API 8
- Android 2.3.3 - API 10
- Android 3.0 - API 11
- Android 3.1 - API 12
- Android 3.2 - API 13
- Android 4.0 – API 14
- Android 4.0.3 – API 15
- Android 4.1.2 – API 16
- Android 4.2.2 – API 17
- Android 4.3 – API 18
- Android 4.4.2 – API 19
- Android 4.4W - API 20
- Android 5.0 – API 21

En la actualidad el mercado Android está dividido solo entre algunas versiones: Gingerbread, Ice Cream, Jelly Bean y KitKat. Entre estas ocupan más del 95% de los dispositivos en activo, es decir, que desarrollar basándose en otras API's no tendría mucho sentido.

Para descargar las versiones de Android tenemos que abrir el *"Android SDK Manager"* que es un icono del robot Andy (Logo verde del Android) con una flecha blanca hacia abajo. Este nos cargará todas las opciones de descarga que tenemos.

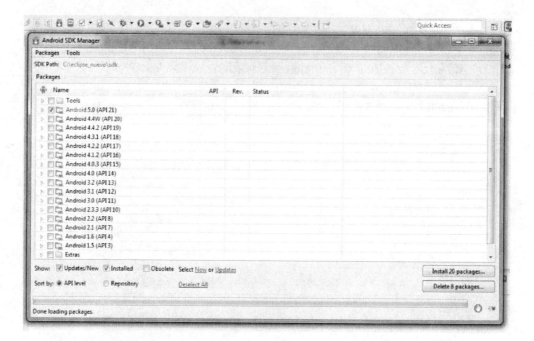

De estas seleccionamos en realidad las que consideremos, se puede descargar solo una o todas, eso depende del desarrollador. Automáticamente se conecta a un servidor y realizará las descargas que seleccionamos.

Este procedimiento es el mismo para la actualización de las API´s.

> ***Nota:** *como recomendación es bueno descargar los apartados que llevan los nombres de "Tools" y "Extras" ya que probablemente como desarrolladores Android en algún momento los vamos a utilizar.*

Finalmente ya tenemos todo lo que necesitamos para nuestro entorno de desarrollo.

Emulador Android

El concepto de emulador lo podemos interpretar de la siguiente forma: con software vamos a imitar hardware. En el caso de Android lo que el emulador hace es recrear el hardware de un móvil para hacer funcionar el SO Android sobre él.

El emulador nos sirve para comparar una aplicación en diferentes versiones del SO, además en diversos tamaños de pantallas, marcas y modelos de móviles. Así no tendremos que tener un móvil de cada tamaño, modelo, etc.

Para tener un emulador Android lo que tenemos que hacer es lo siguiente: crear un dispositivo, configurarlo y ejecutarlo.

En Eclipse vamos a la opción **Window,** después al **AVD Manager o Android Virtual Device Manager**, en la pestaña de **Android Virtual Devices** seleccionamos **Create**.

Camino: **Window -> Android Virtual Device Manager -> Create**

Después de esto vamos a ver una ventana como la siguiente:

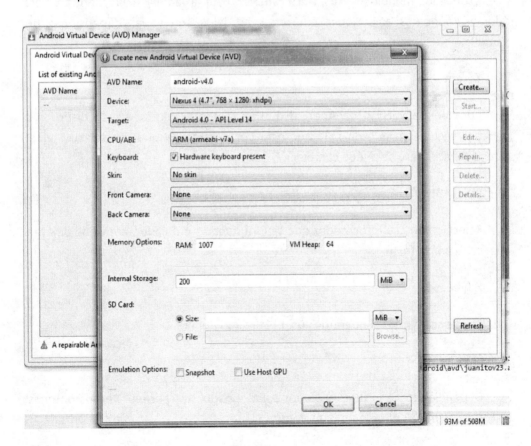

Tenemos que llenar los campos para configurar el emulador que vamos a crear.

AVD Name

Colocamos el nombre del dispositivo, el nombre puede ser el que nosotros le asignemos. Por recomendación podemos colocar un nombre que identifique al emulador, por ejemplo: "android-v4.0". Con esto detectamos que este emulador está configurado con la v 4.0 Android. Podemos tener diferentes emuladores configurados o predefinidos.

Device

Seleccionamos el dispositivo que deseamos emular, en principio tenemos a mano todos los modelos Nexus, pero también está la familia Galaxy, entre otras. Además, podemos seleccionar diferentes modelos con varias dimensiones de pantalla.

Target

Ponemos la versión de Android que le vamos a colocar a este dispositivo (muchas veces conviene dejar la que está por defecto después de seleccionar el campo *Device*, pero se puede cambiar).

CPU/ABI

Seleccionamos el procesador que tendrá nuestro emulador, conviene dejar el que viene por defecto.

Keyboard

Lo seleccionamos si queremos usar el teclado del PC.

Skin

Dependiendo de lo que tengamos seleccionado, nos permite ver los botones físicos de un móvil; por ejemplo, el Home.

Front Camera

Podemos emular la cámara pero por recomendación si necesitamos una cámara sería bueno probarlo en un móvil real.

Back Camera

Lo mismo que en el campo anterior.

Memory Option

Esta opción tiene dos apartados, RAM y VM Heap. Debemos recordar que al asignar RAM al emulador este la obtiene de nuestro PC, entonces el funcionamiento será más lento, asignándole 1 GB de RAM al emulador debe ser suficiente. La segunda opción es la memoria dinámica asignada a la máquina virtual, por recomendación podemos dejar la que aparece por defecto.

Internal Storage

Es la memoria interna del móvil y al igual que el punto anterior la toma de nuestro PC, al ser solo para pruebas no tenemos que asignar algo considerable, podríamos poner algo como 200-400 m y no deberíamos tener ningún problema.

SD Card

Esta es la tarjeta de memoria, el emulador creará un archivo y este se comportará como la tarjeta SD, no debería ser necesario asignar más de 50 mb en una aplicación promedio.

Snapshot

Sirve para que vaya más rápido el emulador, lo que sucede es que al cerrar el emulador la siguiente ocasión se ejecutará más rápido porque tiene el último estado antes de cerrar.

Host GPU

Si la seleccionamos el emulador utilizará el GPU del PC, esto nos sirve para que el emulador sea mucho más fluido ya que el procesamiento de gráficos lo realiza el PC.

Finalmente ya tenemos configurado nuestro emulador.

El inicio del emulador depende de los recursos del equipo que lo ejecuta, si no tenemos un equipo muy actualizado puede tardar hasta 20 minutos en iniciar, si tenemos un equipo actualizado puede tardar de media de 1 a 3 minutos en iniciar.

Ejecutar una aplicación en el emulador

Para ejecutar una aplicación en el emulador debemos hacer lo siguiente:

1. Abrir en el editor un archivo .java de nuestra aplicación, si tenemos 20 archivos basta con tener solo uno en el editor abierto, pero debe ser un archivo que sea .java, no debe ser un XML o cualquier otro.
2. Tener abierto el emulador, en caso de no estar abierto ejecutarlo y esperar a que el emulador muestre la pantalla que aparece cuando desbloqueamos el móvil.
3. En Eclipse ir en el menú al botón que se parece al botón Play de cualquier dispositivo electrónico de color verde. También se puede llegar si vamos a la opción Run del menú y después seleccionamos Run. Tenemos una tercera opción en la que se puede usar la combinación del teclado Ctrl + F11.

Camino 1: **Boton verde de Play en el menú superior de Eclipse.**

Camino 2: **Run -> Run**

Camino 3: **Ctrl + F11**

Si no tenemos ningún error, nuestra aplicación después de unos segundos comenzará a ejecutarse en el emulador Android que esté funcionando. Si tenemos dos emuladores, o un emulador y un dispositivo conectado, nos preguntará sobre cuál queremos ejecutar nuestra aplicación.

ESTRUCTURA DE UNA APLICACIÓN 4

Crear una aplicación "Holamundo"

Para analizar la estructura de una aplicación primero vamos a crear el clásico "Hola mundo". En realidad, en Android siempre que creamos un proyecto nuevo este es un "Holamundo" sin necesidad de hacer algo especial o extra.

Con Eclipse abierto vamos a la opción *File* después la opción *New* y luego *Android Application Project.* Si no aparece esta opción a primera vista podemos seguir otro camino: *File – New- Other*.

En *Other* encontraremos diferentes opciones, seleccionamos la opción *Android* y en las primeras opciones encontraremos *Android Application Project*.

Camino 1: **File -> New -> Android Application Project.**

Camino 2: **File-> New -> Other -> Android -> Android Application Project**

Cualquiera de los caminos nos lleva al mismo destino: comenzar a configurar nuestro primer proyecto.

Después se abre una ventana que nos solicita unas opciones:

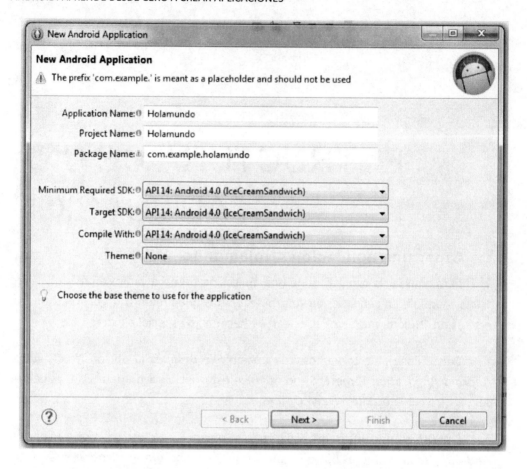

Application Name

Este es el nombre de la aplicación, el que aparecerá en la playstore en caso de publicarla; para el ejercicio la llamamos "Holamundo". En el momento de colocar el nombre los demás campos se llenan por defecto con este.

Project Name

Este es el nombre del proyecto para Eclipse, habitualmente se llama igual que el primer campo. Por recomendación no se colocan espacios en el nombre ni caracteres especiales, ya que será el nombre del directorio del proyecto.

Package Name

Este es el nombre del paquete. Debemos tratar que sea único desde el principio, este es el nombre del paquete que se subirá a la playstore en caso de publicar la aplicación. Por convención casi siempre se inicia con "com.xxxxxx" haciendo referencia al dominio de la empresa, compañía o persona que lo creó. Entre las palabras que forman parte del nombre se puede colocar punto "." en lugar de los espacios. Por ejemplo: com.tuempresa.tunombre.nombreapp

Minimum Required SDK

Debemos seleccionar la versión mínima del SDK que aceptará nuestra aplicacion, es decir, que si colocamos 2.3.3 el móvil que quiera instalar nuestra aplicación mínimo debe tener la versión 2.3.3.

Target SDK

La aplicación es capaz de funcionar en las versiones antiguas (hasta minSdkVersion), pero se puso a prueba explícitamente para trabajar con la versión especificada aquí.

Compile With

Seleccionamos la versión del SDK con la que compilaremos el proyecto, muchas veces se acostumbra colocar aquí y en el campo anterior la versión más nueva de Android.

Theme

Seleccionamos un tema, aunque por ahora no trabajaremos con temas.

Al terminar de llenar los campos, hacemos clic en *Siguiente* y nos abrirá una ventana como esta:

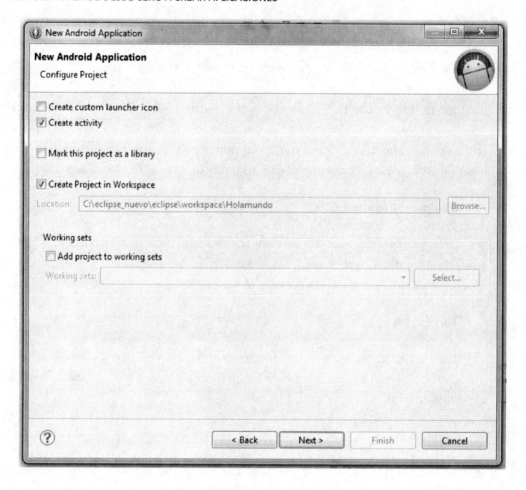

Create custom launcher icon

Eclipse nos preguntará si queremos crear desde el principio el icono de nuestra aplicación, por ahora no lo seleccionamos ya que más adelante veremos cómo colocar el icono a una aplicación.

Create activity

Nos pregunta si queremos crear una activity, de momento manejaremos el concepto de que una actividad es una ventana de nuestra aplicación, más adelante profundizaremos en el concepto. Por ahora marcamos este campo.

Mark this project as a library

Esto no es necesario seleccionarlo casi nunca, sirve para que el proyecto que estamos creando lo marque como librería.

Create Project in Workspace

Aquí nos está indicando la ruta del proyecto que estamos creando, si la queremos cambiar la configuramos manualmente, pero por ahora la mantenemos así.

Finalmente hacemos clic en Siguiente y nos preguntará qué tipo de *activity* queremos crear, seleccionamos *Blank Activity*.

Ahora se abre una ventana como la siguiente:

Activity Name

Este es el nombre de la actividad, quiere decir que es el nombre de la clase que controla la primera pantalla, por convención la primera "activity" de una aplicación se llama MainActivity.

Layout Name

Este es el nombre de la maquetación o del archivo que contiene los elementos gráficos de la primera pantalla de nuestra aplicación. Normalmente se llama igual que la primera activity, podemos dejarla como esta.

Hacemos clic en Finalizar.

Ahora ya tenemos lista nuestra aplicación Android, el clásico "holamundo".

Estructura básica de una aplicación

La estructura actual de nuestra aplicación es como la de la siguiente imagen:

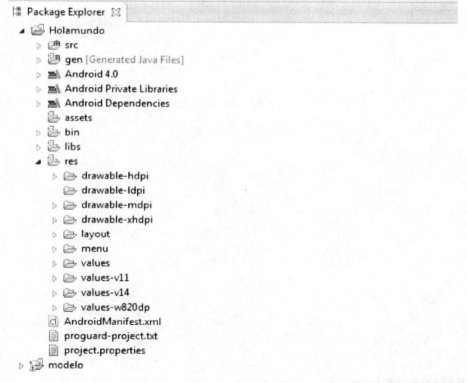

Explicaremos en orden desde arriba hacia abajo de la imagen.

Directorio src

El directorio src contiene todos los archivos .java de una aplicación, esto quiere decir que son todos los archivos que contienen código java. Estos archivos pueden estar organizados por paquetes si el desarrollador así lo desea.

Directorio gen

Son archivos que genera Java y que no tenemos por qué tocarlos. Probablemente si tocamos estos archivos ya no van a servir para Eclipse y nuestro proyecto ya no funcionaría. Dentro del directorio gen encontraremos 2 archivos, el BuildConfig y R.

El archivo R contiene los identificadores de todo lo que tiene la aplicación, por ejemplo, imágenes, campos de texto, botones, etc. Java le asigna un identificador y nosotros no tenemos que preocuparnos por él, ya nosotros solo le colocamos un nombre común que podemos recordar y Java sabe cómo se llama para nosotros.

Paquetes Android 4.0, Android Private Libraries, Android Dependencies

Estos son solo paquetes que contienen librerías que podríamos utilizar, el paquete que dice Android 4.0, en realidad cambia dependiendo de la versión de Android para la que esté creado nuestro proyecto.

Directorio assets

Este contiene recursos de ayuda para una aplicación, por ejemplo, vídeos, audios, bases de datos, este directorio se confunde con el directorio "res" que también es de recursos, pero la diferencia es que los que se encuentran en "assets" no generan un identificador en el archivo R que vimos con anterioridad.

Directorio bin

Aquí encontraremos archivos generados por Eclipse y Java que tampoco tenemos que manipular.

Directorio libs

Se encuentran librerías externas que necesita el proyecto.

Directorio res

El directorio contiene los recursos de la aplicación, imágenes y otros.

Directorio res/drawable

Contiene las imágenes y gráficos PNG que vamos a incluir en nuestra aplicación, cada uno de los directorios representa una densidad.

Directorio res/layout

Contiene los archivos XML que representan la parte gráfica de nuestras "Actividades", con esto queremos decir todas las pantallas de nuestra aplicación.

Directorio res/menu

Si tenemos algún menú definido para nuestra aplicación, aquí se encuentran los archivos.

Directorio res/values

Se encuentran los archivos que contienen las cadenas de texto que usamos en nuestra aplicación, también hallamos algunos estilos.

Archivo Manifest.xml

Este archivo es el más importante de nuestra aplicación, se le considera la columna vertebral de todo proyecto Android; por ejemplo, ahí declaramos todas las actividades del proyecto, permisos, versión del SDK y otras cosas.

El archivo AndroidManfest.xml del ejemplo "Holamundo" contiene el siguiente código:

```
<?xml version="1.0" encoding="utf-8"?>
<manifest
xmlns:android="http://schemas.android.com/apk/res/android"
    package="com.example.holamundo"
    android:versionCode="1"
```

```
            android:versionName="1.0" >

    <uses-sdk
            android:minSdkVersion="14"
            android:targetSdkVersion="14" />

    <application
            android:allowBackup="true"
            android:icon="@drawable/ic_launcher"
            android:label="@string/app_name"
            android:theme="@style/AppTheme" >
            <activity
                android:name=".MainActivity"
                android:label="@string/app_name"

                >
                <intent-filter>
                    <action
android:name="android.intent.action.MAIN" />

                    <category
android:name="android.intent.category.LAUNCHER" />
                </intent-filter>
            </activity>
        </application>

    </manifest>
```

Etiqueta <manifest>

Es la etiqueta principal del archivo, tiene el atributo *xmlns* que siempre lo coloca Eclipse por defecto y no tendríamos por qué modificarlo.

```
    <?xml version="1.0" encoding="utf-8"?>
    <manifest
xmlns:android="http://schemas.android.com/apk/res/android"
        package="com.example.holamundo"
        android:versionCode="1"
        android:versionName="1.0" >
```

El atributo *package* hace referencia al nombre del paquete de la aplicación, en caso de que cambiemos el nombre de la aplicación, en ocasiones Eclipse no lo cambia y nos tocará cambiarlo a nosotros.

Atributo *VersionCode*, este es el número de versión del código de la aplicación, nos sirve para saber con qué versión estamos trabajando.

Atributo *VersionName*, se trata del número de versión pero la diferencia con el anterior es que este número es el que se muestra en la Tienda de aplicaciones. Podemos decir que el *VersionCode* es para el desarrollador y el *VersionName* es para el público en general.

Etiqueta sdk

```
<uses-sdk
    android:minSdkVersion="14"
    android:targetSdkVersion="14" />
```

Atributo *minSdkVersion*, nos indica la versión mínima de SDK con la que debería de funcionar la aplicación, cuando creamos el proyecto lo indicamos aunque se puede cambiar manualmente borrando y colocando otro número de SDK.

Atributo *tagetSdkVersion*, es la versión de la API a la que se dirige principalmente nuestra aplicacion.

Etiqueta Application

```
<application
    android:allowBackup="true"
    android:icon="@drawable/ic_launcher"
    android:label="@string/app_name"
    android:theme="@style/AppTheme" >
```

Dentro de esta etiqueta tenemos todos los elementos que forman parte de nuestra aplicación.

Atributo *allowBackup*, sirve para permitir al sistema realizar una copia de seguridad de la aplicación y el contenido de la misma, si colocamos el valor en "true" lo estamos permitiendo, pero si colocamos el valor en "false" lo estamos prohibiendo.

Atributo **icon**, es el icono de la aplicación.

Atributo **label**, es el nombre de la aplicación y lo tomamos del archivo **strings** que analizaremos más adelante.

Atributo **theme**, es el tema que estamos seleccionando para los estilos de nuestra aplicación.

Etiqueta Activity

La etiqueta *Activity* sirve para dar de alta una actividad, si tenemos 5 actividades en nuestra aplicación deberíamos de tener 5 etiquetas *activity*, si no las damos de alta en nuestro archivo *AndroidManifest.xml*, la actividad generará un error en el momento de ser llamada.

```
<activity
          android:name=".MainActivity"
          android:label="@string/app_name"
          >
```

Atributo **name**: este es el nombre de la clase Java que implementa *Activity.*

Atributo **label**: este es el nombre de *Activity* que el usuario va a ver.

Etiqueta Intent-filter

Sirve para especificar lo que se tiene permitido con este Activity; además, nos permite ver sus intenciones.

```
<intent-filter>
              <action
android:name="android.intent.action.MAIN" />

              <category
android:name="android.intent.category.LAUNCHER" />
    </intent-filter>
```

Etiqueta action

Nos permite colocarle un nombre para más adelante llamar a esta actividad y realizar otras operaciones.

Etiqueta category

Esta contiene varias opciones para colocar, pero la mayoría de las ocasiones utilizamos *DEFAULT* o *LAUNCHER*.

Usamos *LAUNCHER* solo una vez dentro de todo el *Manifest*. Con esto le indicamos que esta es la actividad principal, la que se debe ejecutar cuando la aplicación se inicie.

Todas las demás actividades llevan el valor *"DEFAULT"* ya que solo se indica que se ejecuta, en caso de tener 10 actividades, tendríamos 1 con *LAUNCHER* y 9 con *DEFAULT*.

© Alfaomega - RC Libros

CICLO DE VIDA DE UNA ACTIVIDAD

¿Qué es una Activity?

Primero vamos a conocer el concepto de *"Activity"* o Actividad en español (desde aquí en adelante lo nombraremos como Actividad). Este concepto es básico en el mundo Android y para entenderlo mejor por ahora podemos quedarnos con que hace referencia a las pantallas. Cuando queremos crear una pantalla para una aplicación podemos decir que técnicamente estamos creando una actividad, si nuestra aplicación tiene 5 pantallas decimos que tiene 5 actividades. Esto puede variar porque hay otras formas de crear pantallas pero la actividad es la forma básica, también existen los *Fragment*, *FragmentActivity* y otras más.

En Java casi todo viene dentro en una clase o es una clase, en Android sucede lo mismo. La clase más usada lleva por nombre "Activity", cuando vamos a crear una pantalla hacemos que esta herede de "Activity" que es una clase ya definida por Android y así solo reutilizamos y modificamos a nuestro gusto. Entonces si creamos "Pantalla UNO" y queremos que esta se vuelva una Actividad, lo que hacemos es marcar una herencia de la clase "Activity" para que se comporte de esta forma y la podamos utilizar como tal.

Las actividades (pantallas) tienen un ciclo de vida, se crean, se inician, se pausan, se reinician, se detienen y se destruyen. Es importante conocer el ciclo de vida de las actividades ya que podemos aprovecharlo.

El ciclo de vida de una actividad tiene estados, pero para llegar a estos tenemos métodos predefinidos a los que nosotros les podemos colocar código para realizar algo específico.

Ejemplo: cuando inicia una actividad en el momento de crearse pasa por el método *onCreate()*, es decir, que antes de crear la actividad pasamos al método y ejecutamos lo que dice, después de esto decimos que la actividad está creada, su estado después de pasar por el *onCreate()* sería "creada". Así como el método *onCreate()* tenemos una lista de métodos:

- onCreate()
- onStart()
- onResume()
- onPause()
- onStop
- onRestart()
- onDestroy()

Conozcamos para qué nos sirve cada uno de estos métodos.

onCreate()

Es el que debemos ejecutar siempre en un inicio de una actividad, en este definimos por ejemplo la interfaz de la actividad, las variables, etc. Este método por lógica solo se ejecuta una vez, en el momento de invocar o llamar a la actividad. En este método vamos a encontrar en la mayoría de las ocasiones cómo se define un archivo XML como la parte gráfica de la actividad o también la configuración de la interfaz.

Cuando el método *onCreate()* termina de ejecutarse llama al método *onStart()* seguido de *onResume(),* esto sucede de manera muy rápida.

La actividad se vuelve visible para el usuario cuando llamamos al método *onStart()* pero como sigue muy rápido el *onResume(),* en este *onResume()* permanece la actividad hasta que sucede "algo" con esta actividad.

onStart()

Aquí es donde la actividad se comienza a mostrar al usuario.

onResume()

Es cuando la actividad entra en primer plano y el usuario interactúa con la actividad, la palabra con la que podríamos traducir este sería "corriendo" o "ejecutando".

onPaused()

Es cuando se encuentra parcialmente oscurecida por una actividad que se halla en primer plano; por ejemplo, está medio transparente o no cubre toda la pantalla, en este estado no se reciben datos de entrada del usuario y no puede ejecutarse código.

onStop()

En este método se encuentra completamente invisible u oculto para el usuario, podemos decir que se encuentra en el "fondo" o que se congela. Por ejemplo, las variables e información se mantienen pero no podemos ejecutar el código.

onRestart()

Este método se llama después del *onStop()* cuando la actividad actual se está volviendo a mostrar al usuario, es decir, cuando se regresa a la actividad. Después, de este continúa el *onStart()*, luego el *onResume()* y finalmente ya está de nuevo mostrándose la actividad al usuario.

onDestroy()

Cuando el sistema destruye la actividad se manda llamar al método *onDestroy* para la actividad. Este método es la última oportunidad que tenemos de limpiar los recursos y si no eliminamos podrían tener un mal efecto en el rendimiento para el usuario. Es buena práctica asegurarse de que los hilos que creamos sean destruidos y las acciones de larga duración también sean detenidas.

BASES DE UNA INTERFAZ GRÁFICA

6

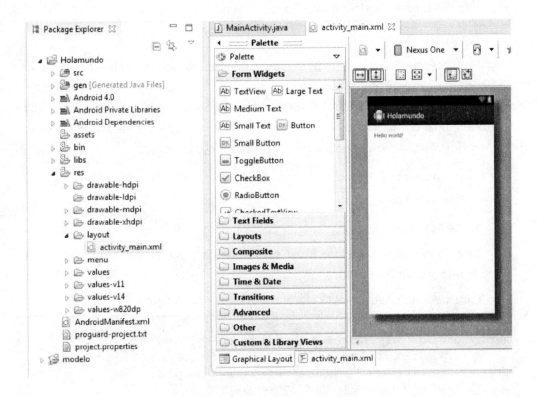

Las interfaces gráficas de Android se pueden trabajar de 2 formas: de forma visual (Drag and Drop) o con código. Para seleccionar una de ellas en la parte inferior de la imagen podemos ver que toda interfaz gráfica tiene 2 pestañas, solamente debemos seleccionar el archivo XML que queremos ver con doble clic. Al seleccionarlo observamos las pestañas *Graphical Layout* y *activity_main.xml* (el segundo siempre es el nombre del archivo XML, el nombre de la primera pestaña nunca cambia). La primera pestaña hace referencia a la parte "visual" y podemos utilizar el modo *Drag and Drop*, esto quiere decir que tomamos un elemento del menú y lo soltamos en la posición que queremos se coloque, a muchos diseñadores este les resulta más cómodo ya que es cómo funcionan la mayoría de herramientas de diseño. El segundo modo nos mostrará el mismo archivo pero viéndolo como un archivo XML, es decir, que se ven las etiquetas definiendo cada elemento gráfico con sus atributos y valores que les podemos asignar.

Nota: también se pueden agregar elementos desde el código Java, todo depende de las necesidades de nuestra aplicación.

Layout

El concepto de layout lo podemos entender de una manera sencilla si lo visualizamos como un contenedor. En él vamos a ir colocando elementos como los botones, imágenes, texto y también otros layouts. Estos contenedores nos permiten una colocación estructurada de los elementos y tenemos diferentes formas de colocarlos, en principio contamos con 2 estructuras:

- LinearLayout
- RelativeLayout

LinearLayout

Este contenedor lo podemos ver como una caja que siempre mantiene una colocación horizontal o vertical.

Para crear un *LinearLayout* colocamos el siguiente código:

```
<LinearLayout
xmlns:android="http://schemas.android.com/apk/res/android"
     xmlns:tools="http://schemas.android.com/tools"
     android:layout_width="match_parent"
     android:layout_height="match_parent"
     android:orientation="vertical"
     tools:context="com.example.holamundo.MainActivity" >:


</LinearLayout>
```

La etiqueta que se utiliza para crear un *LinearLayout* es *<LinearLayout>* y siempre se debe cerrar con *</LinearLayout>*. Las líneas que se encuentran entre el inicio de la etiqueta "*<LinearLayout*" y el cierre "*>*" se llaman propiedades o atributos y no siempre tienen que ser las mismas, pueden variar dependiendo de las necesidades, además no solo son para el elemento *LinearLayout*, cualquier elemento colocado en el XML tiene propiedades.

Las propiedades *xmlns:android, xmlns:tools y tools:context* son 3 líneas de código que Eclipse coloca automáticamente para el contenedor "padre" de nuestra actividad, esto quiere decir que si tenemos un *layout* dentro de otro, solo el *layout* principal o *layout* padre (*layout* que contiene otros) tiene estas tres líneas de código.

La propiedad *layout_width* asigna un ancho al contenedor y tenemos en principio 3 valores que le podemos colocar: *match_parent, fill_parent, wrap_content*.

match_parent: provoca que el *layout* sea del tamaño del padre. Normalmente el primer *layout* de nuestra aplicación siempre tiene el *match_parent,* esto es para que el primer *layout* tenga el ancho de la pantalla del móvil o celular.

fill_parent: este valor realiza lo mismo que *match_parent* solo que está en desuso. En lugar de *fill_parent* actualmente se coloca *match_parent*.

wrap_content: vuelve dinámico el tamaño, siempre va a depender del contenido. Es decir, que si tenemos una cadena de texto de cien caracteres dentro de este *layout*, el ancho de este *layout* sería de 100 caracteres, pero si la cadena de caracteres es de 20, estos 20 caracteres serían el ancho.

La siguiente propiedad **layout_height** es similar al *layout_width* la diferencia es que *layout_width* hace referencia al ancho del contenedor y la *layout_height* al alto del contenedor, también pueden tomar los mismos valores: *match_parent, fill_parent, wrap_content*.

La propiedad *android:orientation="vertical"* indica la orientación del posicionamiento de elementos, por ejemplo: si tenemos seleccionado el valor vertical, el primer elemento se coloca en la parte superior de la pantalla, el siguiente elemento se colocará debajo de este, si agregamos un tercero este estará debajo del segundo y así sucesivamente, aunque tengamos un espacio para colocar los dos elementos o más, siempre va a ir debajo del elemento anterior. Si la orientación la cambiamos a horizontal sucede que todo elemento nuevo se irá colocando a la derecha del elemento anterior.

RelativeLayout

Este contenedor como expresa su nombre maneja la colocación "relativa", con esto queremos decir que la posición de un elemento toma como referencia la colocación de otro elemento. Una manera fácil de explicar esto es con el siguiente ejemplo: Tenemos dos elementos "A" y "B", el elemento "B" al colocarlo dentro de un *RelativeLayout* hay que indicarle cuál es su posición y en relación con qué elemento podemos decir que el Elemento "B" tiene su posición relativa a 20 px a la derecha del elemento "A". Si el elemento "A" sufre algún cambio de posición, el elemento "B" también la sufriría ya que su posición depende del "A", en caso de querer mantenerse la misma posición tendría que cambiar el valor de la distancia que tenía para mantener visualmente el mismo espacio entre ellos. Esto hace mucho más complejo el uso del *RelativeLayout*, ya que no solamente podemos tener una posición dependiendo de un elemento, se puede tener como referencia 1 o más elementos.

Por defecto cuando creamos el "holamundo" en Android nos coloca todo dentro de un contenedor *RelativeLayout*. Veamos el código.

```
    <RelativeLayout
xmlns:android="http://schemas.android.com/apk/res/android"
    xmlns:tools="http://schemas.android.com/tools"
    android:layout_width="match_parent"
    android:layout_height="match_parent"
    android:paddingBottom="@dimen/activity_vertical_margin"
    android:paddingLeft="@dimen/activity_horizontal_margin"
    android:paddingRight="@dimen/activity_horizontal_margin"
    android:paddingTop="@dimen/activity_vertical_margin"
    tools:context="com.example.holamundo.MainActivity" >
```

```
<TextView
    android:layout_width="wrap_content"
    android:layout_height="wrap_content"
    android:text="@string/hello_world" />

</RelativeLayout>
```

La línea *xmlns:android y xmlns:tools* la coloca Android por defecto al ser el contenedor principal.

Las propiedades *layout_width* y *layout_height* funcionan de la misma forma que se explicó anteriormente con el *LinearLayout*.

Las propiedades *padding* sirven para rellenar, funcionan de la misma manera que se usa el *padding* en *html*, reservan un espacio en el contenedor. El *padding* no es exclusivo del *RelativeLayout,* también funciona para el *LinearLayout* y muchos otros elementos gráficos de Android, pero el "holamundo" en Android tiene esta estructura para que la cadena "holamundo" no esté pegada a la parte superior e izquierda del layout.

HACER UNA APLICACIÓN PARA MÚLTIPLES DISPOSITIVOS

Para crear interfaces que funcionen en múltiples dispositivos debemos tener claras las características que rodean a los móviles Android: densidades de pantalla, tamaños de pantalla, orientación.

Densidad de pantalla

La palabra "densidad" la podemos definir como *"la cantidad de masa en un determinado volumen"*, en el caso de Android y de las pantallas en específico, podemos decir que es algo muy similar pero con píxeles. El concepto de densidad de pantalla hace referencia a la cantidad de píxeles en un espacio físico (se mide por píxeles en pulgadas).

Que un teléfono sea de mayor calidad no es por el tamaño de pantalla, podemos tener un teléfono con un tamaño menor de su pantalla y que nos proporciona una mejor calidad de imagen, esto es por la densidad. Como su nombre indica la densidad es "la" cantidad dependiendo del espacio que se tiene, podríamos decir que si yo tengo la posibilidad de colocar 100 píxeles en 1 cm, pero también tengo la posibilidad de meter 1000 pixeles en 1 cm, esta segunda opción se va a ver mejor, porque puedo tener mayor densidad (900 px más) y esto me va ayudar a tener mejor calidad de imagen ya que puedo colorear o tener más matices de color. Después de esta explicación ya sabemos que un mayor tamaño de pantalla no aumenta la calidad, esta depende de la densidad.

En el año 2014 en el mundo Android contamos con 6 densidades diferentes: Baja, Media, Alta, Extra Alta, Extra Extra Alta, Extra Extra Extra Alta.

Su nomenclatura es la siguiente:

Baja densidad – **ldpi** 120dpi

Media densidad – **mdpi** 160 dpi

Alta densidad – **hdpi** 240 dpi

Extra alta densidad – **xhdpi** 320 dpi

Extra extra alta densidad – **xxhdpi** 480 dpi

Extra extra extra alta densidad – **xxxhdpi** 640 dpi

Los números que colocamos a un lado de cada nomenclatura son los puntos por pulgada, pero en inglés se utiliza la abreviatura *"dpi"* para referirse a ellos. *DPI* significa (*dots per inch*) traducido al español significa: puntos por pulgada.

Tamaños de pantallas

En tamaños de pantalla hay 4 como los principales: pequeña, normal, larga y extra larga.

Pequeño va desde 2 pulgadas hasta 3.7.

Normal de 3.5 a 4.7.

Largo va de 4.2 a 7.

Extra largo de 7 pulgadas a 10.

Hay dispositivos que quedan en rangos intermedios; por ejemplo, un dispositivo con 3.6 pulgadas entra en 2 rangos, en el pequeño y en el normal. Como desarrolladores no tenemos que preocuparnos tanto, ya que si creamos bien nuestra aplicación y todos los recursos que creamos están bien realizados para el tamaño pequeño y normal, va a tener un funcionamiento correcto. El fabricante y Android se encargan de colocarlo en una categoría en relación con el hardware y otras características.

Orientación de pantalla

La orientación se refiere a la posición del móvil y tenemos dos posiciones: horizontal y vertical. Los móviles tienen un acelerómetro y este es el que determina en qué posición de las dos se encuentra. El sistema operativo Android normalmente se acomoda a cada una de las posiciones; si estamos en la posición vertical tenemos menos espacio de ancho y de forma horizontal el ancho es mayor, esto nos ayuda a que en ciertos casos podamos mostrar diferentes interfaces para el usuario dependiendo de la posición que recibe el acelerómetro.

La orientación de pantalla muchas veces es una de las propiedades gráficas y visuales más olvidadas en el desarrollo de aplicaciones, pero cuando se utiliza bien se vuelve de las mejores armas para aplicaciones eficientes.

Nosotros podemos controlar la orientación aunque el acelerómetro dicte lo contrario. Por ejemplo, podemos decir que nuestra aplicación solamente funcione con la vista horizontal, esta es una técnica que usan mucho los videojuegos para tener más ancho en la pantalla y así obligar al usuario a girar el celular y brindarle una mejor experiencia, porque muchos juegos no podrían funcionar o funcionarían de forma incorrecta si se usaran en modo vertical.

No solamente podemos obligarlo a usar una vista, podemos crear 2 vistas para cada una de nuestras actividades en Android, es decir, que si tenemos el móvil de forma vertical este muestre los elementos en cierta posición y si están en modo horizontal los muestre en otro posicionamiento, la colocación va a depender de la orientación del móvil. Esto en realidad genera una muy buena experiencia de usuario ya que estamos aprovechando el ancho y el alto.

Al modo vertical en Android se le conoce como *portrait* y al modo horizontal, *landscape*.

Crear una aplicación que funcione en diferentes tamaños de pantalla

Lo normal cuando estamos iniciándonos en el mundo del desarrollo Android es crear nuestras actividades. La forma correcta de crear nuestra aplicación es considerando todas las características que ya comentamos anteriormente: densidades, tamaños y orientación.

Ahora vamos a ver cómo optimizar nuestra aplicación para tener un funcionamiento adecuado dependiendo del tamaño de la pantalla, para esto tenemos que adecuar nuestro archivo XML para cada uno de estos tamaños.

Primero hacemos clic derecho en el directorio *res* de nuestra aplicación en Eclipse y seleccionamos la opción *New* y luego *Folder*, ahora creamos una carpeta con el nombre *layout-large*.

Camino: **directorio res (clic derecho) -> New -> Folder -> nombre: layout-large**

Entonces tenemos dos directorios *layout* por ahora:

- res/layout
- res/layout-large

En el primero tenemos los XML que están creados para pantallas de un tamaño normal, el segundo es para los XML optimizados para pantallas largas. Si quisiéramos adecuar nuestros XML para extralargas tendríamos que crear el directorio: res(layout-xlarge)

Ahora tenemos tres directorios:

- res/layout
- res/layout-large
- res/layout-xlarge

El tamaño *small* en la actualidad ya no se usa, la mayoría de los fabricantes abandonaron este formato, así que podríamos descartarlo. Por defecto el directorio *layout(sin prefijos)* es el considerado estándar, podemos crear una aplicación solo colocando sus interfaces gráficas en el directorio *layout* pero probablemente la experiencia del usuario no sea la óptima.

Para que la aplicación funcione de forma correcta todos los XML que representen una pantalla deben tener el mismo nombre, si tenemos un *main_activity.xml* como en el "holamundo" que creamos anteriormente, en cada directorio *layout* deberíamos tener un archivo con el nombre *main_activity.xml*. El sistema operativo Android es el que decide qué archivo XML mostrar dependiendo del hardware de cada dispositivo.

Que se llamen igual no significa que deban tener la misma interfaz gráfica, Android optimiza las pantallas. Para la pantalla normal podríamos tener 2 botones y en la pantalla larga 5, dependiendo de las necesidades de nuestra aplicación debemos de modificar cada uno de los XML, Android es el que se va a encargar de mostrar el XML correcto dependiendo del tamaño de la pantalla del dispositivo.

Crear pantallas para cada orientación

Sabemos que hay dos orientaciones: horizontal y vertical. Debemos de considerar que el usuario puede utilizar el móvil en cualquiera de las dos y tenemos diferentes opciones para resolver esto:

- Solo permitir una orientación.
- Crear una vista para cada orientación.

Permitir una orientación

Lo que tenemos que hacer es agregar en el archivo *AndroidManifest.xml* 2 líneas de código que son los atributos: *screenOrientation y configChanges*:

```
<activity
        android:name=".MainActivity"
        android:label="@string/app_name"
        android:screenOrientation="portrait"
        android:configChanges="keyboardHidden|orientation"
        >
```

El atributo **screenOrientation** señala la orientación que va a tener esta actividad, así que para cada actividad tendremos que colocar su orientación, en caso de no señalar la orientación esta se inicia dependiendo de la orientación del móvil.

El atributo **configChanges** es para colocar una lista de configuraciones que van a ser manejadas por nosotros y no por el sistema operativo, en este caso estamos indicando que la orientación queda bajo nuestra responsabilidad y que el móvil no interferirá en lo que nosotros decidimos.

Colocando esas dos líneas para cada una de las actividades de la aplicación, podemos mantener la vista *landscape* o *portrait* según lo que necesitemos.

Crear una vista para cada orientación

Esta segunda solución sería la recomendación, deberíamos de crear una vista para cada orientación. Para esto debemos de crear un directorio *layout* para la vista *landscape,* ya que el directorio que lleva solo el nombre de *layout* sin el prefijo *land* es por defecto la vista *portrait*.

Vamos al directorio *res*, hacemos clic derecho y creamos un nuevo folder, le colocamos el nombre de *layout-land*. Dentro de este directorio vamos a colocar las mismas actividades que tenemos en el directorio *layout* si queremos que tengan su versión para las vistas horizontal y vertical.

Camino: **directorio res (clic derecho) -> New -> Folder -> nombre: layout-land**

A todos los directorios que ya tenemos le podemos crear uno con el mismo nombre y agregarles el prefijo *"land"* para poder así tener las versiones verticales y horizontales de cada actividad; cabe recordar que sucede lo mismo a los tamaños de pantallas, cada uno de los XML puede tener elementos independientes, lo importante es que tengan el mismo nombre. Android se encarga por sí mismo de mostrar el que el usuario solicita dependiendo del tamaño de pantalla y de la posición del móvil.

Quedaría algo como la siguiente imagen:

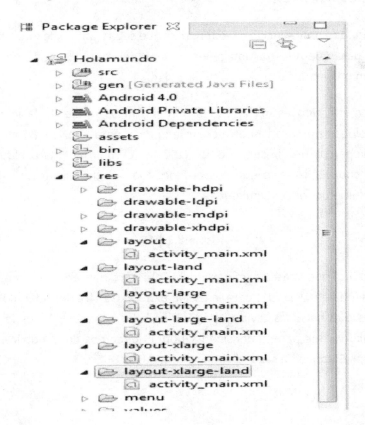

Crear una aplicación para diferentes densidades

Uno de los problemas más difíciles de abordar y solucionar es el uso de gráficos en una aplicación Android, esto se debe a que una imagen con determinada medida se va a ver diferente dependiendo de la densidad de cada móvil. Por ejemplo: una imagen de 200x200 ocupa un tamaño en la pantalla en una densidad alta, pero en una densidad extra extra alta se ve de otro tamaño. La tendencia es que cuanto más alta es la densidad del móvil, la imagen de 200x200 se va a ir viendo más pequeña.

Esto no es un error, es algo que sucede por la naturaleza de la densidad, al tener más píxeles en un espacio de la pantalla es obvio que la imagen ocupará menos espacio físico aunque está ocupando la misma cantidad de píxeles, ya que en una densidad alta caben más píxeles por pulgada.

¿Cómo resolvemos esto?

En realidad es muy sencillo, solo tenemos que seguir una regla que Google nos recomienda para que nuestras imágenes se vean del mismo tamaño en una baja densidad y en una extra extra extra alta densidad.

La recomendación es iniciar con el tamaño más grande de la imagen que queremos colocar, primero vamos a crear la imagen para la extra extra extra alta densidad, ocupamos una imagen de 192x192 px (es una medida cualquiera). Lo siguiente es conocer la regla que nos proporciona Google para las escalas de la imagen, los números son los siguientes:

$$3{:}4{:}6{:}8{:}12{:}16$$

Esto significa que la escala más grande es el 16 (xxxdhpi). Si queremos crear la misma imagen (la de 192x192) para la escala extra extra alta densidad (xxhdpi), lo que tenemos que hacer es dividir el 192/16=12. Este número 12 es la base de nuestra escala, ya que para la densidad xxhdpi lo debemos de multiplicar por 12, 12x12= 144 px. Entonces la segunda imagen queda en 144x144.

Si hacemos eso con todas las escalas sería lo siguiente:

ldpi = 12x3 = 36

mdpi = 12x4 = 48

hdpi = 12x6 = 72

xhdpi = 12x8 = 96

xxhdpi = 12x12 = 144

xxxhdpi = 12x16 = 192

Debemos de crear una imagen para cada densidad con las medidas respectivas que calculamos, con esto lograremos que nuestra imagen se vea de la misma proporción en todas las densidades.

Ya que tenemos la misma imagen para cada una de las densidades, la debemos colocar en la carpeta correspondiente de cada densidad.

Las imágenes para cada densidad deben llevar el mismo nombre y por recomendación en las aplicaciones móviles se utiliza el formato *png* para las imágenes, esto es por el tamaño de compresión del formato y por las transparencias. Las imágenes deberían quedar colocadas como la siguiente imagen:

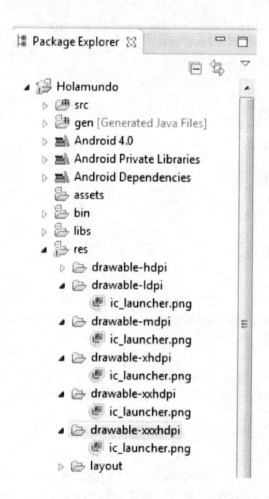

ELEMENTOS BÁSICOS 8

Para conocer los elementos básicos de una interfaz Android vamos a crear una pantalla con los elementos, *TextView*, *EditText* y *Button* para estudiar el código a detalle.

El código para generar una pantalla como la de la imagen anterior es el siguiente:

```xml
<LinearLayout
xmlns:android="http://schemas.android.com/apk/res/android"
    xmlns:tools="http://schemas.android.com/tools"
    android:layout_width="match_parent"
    android:layout_height="match_parent"
    android:orientation="vertical"
    tools:context="com.example.holamundo.MainActivity" >


    <TextView
        android:id="@+id/textobienvenida"
        android:layout_width="match_parent"
        android:layout_height="wrap_content"
        android:text="@string/bienvenidos" />

    <EditText
        android:id="@+id/Nusuario"
        android:layout_width="match_parent"
        android:layout_height="wrap_content"
        android:hint="@string/usuario"
        />
     <EditText
        android:id="@+id/Pusuario"
        android:layout_width="match_parent"
        android:layout_height="wrap_content"
        android:hint="@string/password"
        />
     <LinearLayout
        android:layout_width="match_parent"
       android:layout_height="wrap_content"
       android:orientation="horizontal"
       android:weightSum="1"          >

            <Button
             android:id="@+id/Bingresar"
           android:layout_width="0dp"
           android:layout_weight=".5"
           android:layout_height="wrap_content"
           android:text="@string/ingresar"
              />
           <Button
             android:id="@+id/Bolvidar"
```

```
                  android:layout_width="0dp"
                  android:layout_weight=".5"
                  android:layout_height="wrap_content"
                    android:text="@string/olvide"
                    />

          </LinearLayout>
          <Button
          android:id="@+id/Bregistrar"
          android:layout_width="match_parent"
          android:layout_height="wrap_content"
          android:text="@string/registrar"
       />
</LinearLayout>
```

El contenedor principal *LinearLayout* ya lo estudiamos en el capítulo 6, así que esta explicación la omitimos.

TextView

El *TextView* es un elemento que nos sirve para colocar texto, pueden ser una o varias líneas dependiendo de nuestras necesidades.

```
<TextView
        android:id="@+id/textobienvenida"
        android:layout_width="match_parent"
        android:layout_height="wrap_content"
        android:text="@string/bienvenidos" />
```

La primera línea no es exclusiva del *TextView*:

```
android:id="@+id/textobienvenida"
```

Este id es un atributo que le colocamos de manera individual a todos los elementos que deseamos poder manipular desde el código Java, este *"id"* es un identificador para que podamos manipular sus valores, estilos, colores, el texto y otras propiedades. Casi cualquier elemento lo puede tener: por ejemplo: botones, *editext*, listas, imágenes, etc. Le podemos colocar el nombre que deseemos y es buena idea tratar de colocar nombres que nos digan de qué puede tratar este elemento, por ejemplo en esta actividad le colocamos de nombre "textobienvenida" ya que es un mensaje de bienvenida al abrir la aplicación.

La segunda y tercera líneas del elemento *TextView* ya las explicamos en el capítulo 6, así que no repetiremos la explicación de estos atributos para ninguno de los elementos de este capítulo.

La última línea:

```
android:text="@string/bienvenidos"
```

Es el texto que llevará implícito este *TexView*. Si no colocamos texto, este elemento parece que no existe, pero en realidad es que no tiene texto y por eso no lo vemos. NO es una buena idea colocar el texto de forma directa como el siguiente ejemplo:

```
android:text="Hola mundo"
```

Android nos proporciona un archivo llamado *strings*, ahí colocamos todas las cadenas de texto que deseamos contenga nuestra aplicación y estas se mandan a llamar colocando el *"@string/nombredelacadena"* en este tema entraremos a detalle en el capítulo de Aplicación Multilenguaje.

EditText

En nuestra pantalla tenemos dos *EditText*:

```
<EditText
    android:id="@+id/Nusuario"
    android:layout_width="match_parent"
    android:layout_height="wrap_content"
    android:hint="@string/usuario"
    />
<EditText
    android:id="@+id/Pusuario"
    android:layout_width="match_parent"
    android:layout_height="wrap_content"
    android:hint="@string/password"
    />
```

Cada *EditText* cuenta con la línea:

```
"android:id="
```

Como comentamos en el ejemplo del *TextView* este es un id que se le coloca a todos los elementos que deseamos más adelante manipular desde el código Java.

La línea de texto:

```
android:hint="@string/password"
```

El hint es un atributo que nos permite colocar texto dentro del *EditText*, esto sirve para indicarle al usuario en el mismo campo en donde se escribe el texto cuál es el dato que esperamos este introduzca, nos ayuda a no tener que escribir un texto afuera indicando qué datos esperamos introduzca, el texto colocado con hint se borra de manera automática cuando el usuario comienza a escribir, así facilitamos la experiencia de usuario "diciendo más con menos".

LinearLayout

El segundo *LinearLayout* contiene lo siguiente:

```
<LinearLayout
    android:layout_width="match_parent"
    android:layout_height="wrap_content"
    android:orientation="horizontal"
    android:weightSum="1"            >
```

Todas las líneas ya nos deben ser familiares a excepción de la última.

Pesos en los elementos gráficos

La última línea del segundo *LinearLayout*:

```
android:weightSum="1"
```

Esta línea hace referencia a un concepto que aún no conocemos que es el de "peso". El peso nos sirve para distribuir los elementos gráficos en un espacio determinado. En la imagen de nuestro ejercicio podemos ver cómo tenemos dos botones (el botón *ingresar* y *olvide*) compartiendo la misma línea y en una proporción equitativa, 50% el primero y 50% el segundo. Esto lo logramos con el peso.

Si queremos distribuir 2 o más elementos en un espacio de la pantalla, lo recomendable es colocarlos en un contenedor (nuestro segundo *layout*), a este asignarle un peso total, por ejemplo en nuestro caso le asignamos el valor de "1", después a cada elemento le colocamos un peso proporcional dependiendo del espacio que queremos que ocupe.

En el siguiente código se explica con comentarios lo que tenemos que hacer por líneas para utilizar el concepto de peso.

```xml
<LinearLayout
android:layout_width="match_parent"
android:layout_height="wrap_content"
android:orientation="horizontal"
android:weightSum="1"> <!--Peso total o principal 100%-->
    <Button
    android:id="@+id/Bingresar"
   android:layout_width="0dp""<!—0dp es para tomar el peso como
su ancho-->
    android:layout_weight=".5"<!--Peso para este elemento .5 =
50% de 1-->
    android:layout_height="wrap_content"
   android:text="@string/ingresar"
    />
    <Button
    android:id="@+id/Bolvidar"
   android:layout_width="0dp"""<!—0dp es para tomar el peso como
su ancho-->
    android:layout_weight=".5"<!--Peso para este elemento .5 =
50% de 1--> android:layout_height="wrap_content"
    android:text="@string/olvide"
    />

</LinearLayout>
```

La cuestión de los pesos es matemática, si el contenedor padre tiene el peso total en 1, significa que podemos repartir el peso desde 0.1 hasta 0.9, por ejemplo, si un elemento toma el peso de 0.3 significa que del 100% disponible está ocupando el 30%. Si tomamos el valor de 0.4 para un peso, significa que estamos asignando el 40% del total.

Button

Los botones son otros de los elementos básicos que tenemos para nuestras interfaces Android.

```
<Button
    android:id="@+id/Bregistrar"
    android:layout_width="match_parent"
    android:layout_height="wrap_content"
    android:text="@string/registrar"
/>
```

Como podemos ver los atributos del botón son similares a los del *TextView* y *EditText*, el id, el ancho, el alto y el texto que llevará como mensaje. La mayoría de los elementos como vemos en este ejemplo tienen propiedades similares, aunque también cuentan con propiedades específicas dependiendo de la naturaleza del elemento.

APLICACIÓN MULTILENGUAJE

Una aplicación multilenguaje significa que tenemos una aplicación que puede mostrar texto dependiendo del idioma seleccionado en el dispositivo.

Vamos a ver cómo crear una aplicación que esté en los idiomas inglés, español y francés.

Android nos proporciona un archivo XML con el que manejamos las cadenas de texto que colocamos en nuestra aplicación. El archivo se llama *strings.xml* y se encuentra en el directorio:

res/values/strings.xml

El archivo tiene esta estructura:

```xml
<?xml version="1.0" encoding="utf-8"?>
<resources>
    <string name="hello_world">Hello world!</string>
</resources>
```

La etiqueta:

```
<string name="hello_world">Hello world!</string>
```

Crea una cadena con el nombre *"hello_world"* y cuando se le llama desde un elemento como el *TextView, EditText* u otro, muestra el texto que se encuentra entre las etiquetas *<string> </string>*.

El resto de las líneas del archivo *strings.xml* que estamos mostrando son líneas que se tienen que colocar por defecto, es parte del formato del archivo.

Creando un archivo strings para otro idioma

Para que nuestra aplicación sea multilenguaje tenemos que crear otro archivo con las mismas cadenas de texto pero en otro idioma. Para esto vamos al directorio *res* y hacemos clic derecho, seleccionamos *New* y luego *Folder*, en este caso vamos a crear un directorio para nuestras cadenas de texto en francés, entonces tenemos que llamarlo *values-fr*.

Camino: **Directorio res(clic derecho)-> New -> Folder -> nombre: values-fr**

Dentro del directorio *values-fr* creamos un archivo con el mismo nombre del archivo que se encuentra en la carpeta *values*, se debe llamar *strings.xml*.

Para crearlo hacemos clic derecho en el directorio *values-fr*, después en *New*, seleccionamos *New Android XML File*, le colocamos el nombre *strings*. Deberíamos de tener algo como la siguiente imagen.

Camino: **Directorio values-fr(clic derecho)-> New-> Android XML File -> nombre: strings.xml**

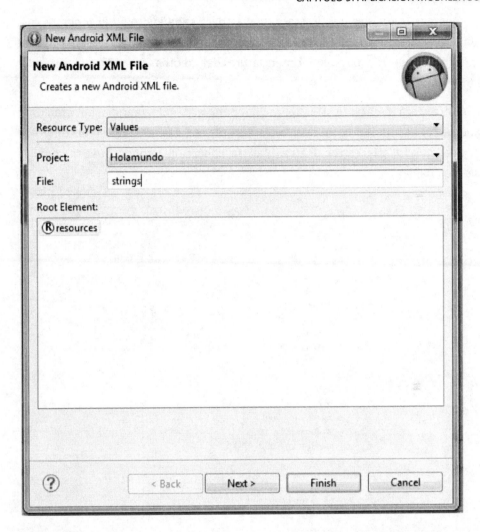

Abrimos el archivo *strings.xml* que acabamos de crear y que se encuentra en el directorio *values-fr,* después colocamos el siguiente código:

```
<string name="hello_world">Bonjour le monde!</string>
```

Con esta línea estamos creando la cadena de texto que lleva por nombre *"hello_world"* pero con la frase *"Hello world!"* en francés: *"Bonjour Le monde!".* Como podemos ver, la cadena debe llamarse igual en todos los archivos *strings*, si tenemos una cadena que se llama *"hello_world"* este nombre debe estar en todos los archivos sin importar el idioma, ya que si no la tenemos tendríamos un error.

Tenemos que crear un directorio *values* para cada idioma y le tenemos que agregar la nomenclatura del idioma, por ejemplo para español es *"es"*, francés es *"fr"*, italiano es *"it"*, para la nomenclatura del idioma se utiliza el estándar ISO 639-2.

Ahora para crear nuestra aplicación para español creamos un directorio *"values-es"* y agregamos la cadena *"hello_world"* pero con el texto en el contenido de "Hola mundo!", la estructura de nuestra aplicación debería quedar como la siguiente imagen.

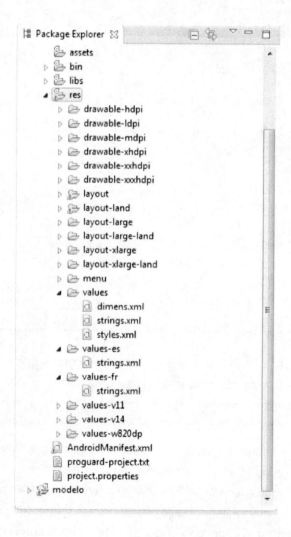

JAVA EN ANDROID

Nuestro proyecto "Holamundo" contiene un archivo *MainActivity.java* que es el objeto de estudio en este capítulo, el código es el siguiente:

```java
package com.example.holamundo;

import android.app.Activity;
import android.os.Bundle;
import android.view.Menu;
import android.view.MenuItem;


public class MainActivity extends Activity {

    @Override
    protected void onCreate(Bundle savedInstanceState) {
        super.onCreate(savedInstanceState);
        setContentView(R.layout.activity_main);
    }


    @Override
    public boolean onCreateOptionsMenu(Menu menu) {
        // Inflate the menu; this adds items to the action bar
if it is present.
        getMenuInflater().inflate(R.menu.main, menu);
        return true;
    }

    @Override
```

```
        public boolean onOptionsItemSelected(MenuItem item) {
            // Handle action bar item clicks here. The action bar
will
            // automatically handle clicks on the Home/Up button,
so long
            // as you specify a parent activity in
AndroidManifest.xml.
            int id = item.getItemId();
            if (id == R.id.action_settings) {
                return true;
            }
            return super.onOptionsItemSelected(item);
        }
    }
```

Separaremos por bloques el código del *MainActivity*.

```
package com.example.holamundo;


import android.app.Activity;
import android.os.Bundle;
import android.view.Menu;
import android.view.MenuItem;
```

La línea **package** nos indica el nombre del paquete al que pertenece el archivo.

Los **imports** nos permiten utilizar código que ya está definido con anterioridad y así evitarnos escribir código en nuestras aplicaciones desde cero, los *imports* se hacen tanto en Java como en Android. Aunque cada uno tiene sus clases específicas, por ejemplo si vemos que tiene el prefijo android *"import android.app.Activity"* probablemente esta es exclusiva de Android y en Java no existe o tiene su derivado, en este caso en concreto *Activity* es exclusiva de Android.

Lo habitual es que al utilizar una clase de Java tengamos siempre que hacer un *import*, usemos de ejemplo la clase *Activity*. Java necesita saber de dónde obtiene el código de esa clase, para poder hacer el *import* de esta clase. Cada clase que vamos a usar en Java/Android debe ser importada en la cabecera del archivo en el que se está utilizando.

Crear una clase

```
public class MainActivity extends Activity {

    @Override
    protected void onCreate(Bundle savedInstanceState) {
        super.onCreate(savedInstanceState);
        setContentView(R.layout.activity_main);
    }
```

Para crear una clase en Java utilizamos la palabra *"class"* y ponemos el nombre de la clase, en caso de ser necesario colocamos un modificador de acceso como *public*.

El formato básico es el siguiente:

Modificador de clase + palabra *"class"* + nombre de la clase

En código se ve de la siguiente forma:

```
public class MainActivity
```

Modificadores de acceso

En Java tenemos 4 modificadores de acceso que también utilizamos en Android: *private, protected, public, default*.

Los modificadores de acceso los colocamos a los atributos, métodos y clases. Esto lo hacemos para controlar en nuestro código quién puede utilizar y desde dónde se puede acceder al elemento que ponemos, por ejemplo si queremos que se pueda acceder a un elemento desde cualquier lugar le colocamos el modificador *public*.

Private: permite acceder solo desde la misma clase.

Protected: permite acceder desde la clase, los hijos de la clase y del mismo paquete.

Public: permite acceder desde cualquier lugar.

Default (cuando no colocamos un modificador se toma como Default): permite acceder desde el paquete y desde la misma clase.

Herencia

Java es un lenguaje orientado a objetos y una de las características del paradigma orientado a objetos es que se utiliza la herencia. La herencia es un concepto muy fácil de entender, creamos clases y estas clases pueden tener hijos y a su vez estos pueden tener hijos. Cuando tenemos una clase hija significa que está heredando características de la clase padre, pero si la clase de la que hereda también contaba con padre, entonces cuenta con las características de su clase padre y de la clase padre de esta.

Clase A es padre de la clase B

Clase B es padre de la clase C

Entonces la clase C tiene características de la clase B y de la clase A. En código Java para crear la herencia utilizamos la palabra reserva *"extends"*.

Ya podemos leer completamente la primera línea de nuestro archivo *MainActivity.java*

```
public class MainActivity extends Activity {
```

Estamos creando una clase con el nombre *MainActivity* con un modificador *public* para que se pueda acceder a ella desde cualquier lado y estamos haciendo que tome (herede) las características de una clase definida por Android que se llama *Activity*.

Métodos

Las clases al estar definidas en muchas ocasiones necesitamos adecuarlas a nuestra aplicación, para eso las clases cuentan con métodos que nos permiten modificar el estado de objetos, acceder a atributos, asignar valores, entre otras cosas. Muchas veces necesitamos redefinir o colocarles código porque simplemente no lo tienen, como es el caso del método *onCreate()*.

```
@Override
protected void onCreate(Bundle savedInstanceState) {
    super.onCreate(savedInstanceState);
    setContentView(R.layout.activity_main);
}
```

El ***@override*** significa que estamos sobrescribiendo el método *onCreate()*. Sobrescribir quiere decir que lo estamos redefiniendo porque queremos que haga algo que necesitamos.

En el método *onCreate()* lo que estamos haciendo es indicarle a esta actividad que cuando es creada, su interfaz gráfica será el archivo *activity_main.xml*. Esto lo hacemos en la línea:

```
setContentView(R.layout.activity_main)
```

La instrucción *setContentView* es la que nos permite completar nuestra actividad, ya que tenemos la parte lógica del archivo *MainActivity.java* y la ligamos a una interfaz gráfica, el archivo XML *main_activity.xml*.

Tenemos los siguientes métodos de nuestro archivo:

```
@Override
    public boolean onCreateOptionsMenu(Menu menu) {
        // Inflate the menu; this adds items to the action bar
if it is present.
        getMenuInflater().inflate(R.menu.main, menu);
        return true;
    }

    @Override
```

```java
    public boolean onOptionsItemSelected(MenuItem item) {
        // Handle action bar item clicks here. The action bar will
        // automatically handle clicks on the Home/Up button, so long
        // as you specify a parent activity in AndroidManifest.xml.
        int id = item.getItemId();
        if (id == R.id.action_settings) {
            return true;
        }
        return super.onOptionsItemSelected(item);
    }
```

El primer método es para crear un menú y el segundo es para que este menú funcione cuando se selecciona una opción del menú.

En realidad estos métodos no los necesitamos, los podríamos eliminar y nuestra actividad seguiría funcionando, estos métodos son para tener y colocar un menú en nuestra aplicación, pero no son esenciales para su funcionamiento. En muchas ocasiones el menú se necesita de alguna forma específica por la naturaleza de la aplicación y acabamos utilizando otro tipo de menú o simplemente se eliminan.

INTERACCIÓN DE ELEMENTOS

En este capítulo vamos a dar interacción a los elementos que creamos en el capítulo 8, esto lo haremos desde nuestro archivo *MainActivity.java*, las líneas de código que ya se han explicado anteriormente se omitirán.

Nuestra aplicación va a recibir 2 datos: un usuario y una contraseña, de los 3 botones solamente vamos a usar el botón *ingresar*, al presionarlo, en el campo "usuario" el texto que se colocó debe ser "jose" y la contraseña "lujan" para que aparezca un mensaje de que es "correcto", en caso de que alguno de los dos no coincida con "jose" y "lujan" respectivamente se mostrará que es "incorrecto".

El archivo MainActivity.java es el siguiente:

```java
package com.example.holamundo;

import android.app.Activity;
import android.os.Bundle;
import android.view.Menu;
import android.view.MenuItem;
import android.view.View;
import android.view.View.OnClickListener;
import android.widget.Button;
import android.widget.EditText;
import android.widget.Toast;


public class MainActivity extends Activity implements
OnClickListener{
```

```java
        EditText usuario,password;
        Button ingresar,olvidar, registrar;
        @Override
        protected void onCreate(Bundle savedInstanceState) {
            super.onCreate(savedInstanceState);
            setContentView(R.layout.activity_main);

            usuario = (EditText) findViewById(R.id.Nusuario);
            password = (EditText) findViewById(R.id.Pusuario);
            ingresar= (Button) findViewById(R.id.Bingresar);
            olvidar = (Button) findViewById(R.id.Bolvidar);
            registrar = (Button) findViewById(R.id.Bregistrar);

            ingresar.setOnClickListener(this);
            olvidar.setOnClickListener(this);
            registrar.setOnClickListener(this);
        }


        @Override
        public boolean onCreateOptionsMenu(Menu menu) {
            // Inflate the menu; this adds items to the action bar
if it is present.
            getMenuInflater().inflate(R.menu.main, menu);
            return true;
        }

        @Override
        public boolean onOptionsItemSelected(MenuItem item) {
            // Handle action bar item clicks here. The action bar
will
            // automatically handle clicks on the Home/Up button,
so long
            // as you specify a parent activity in
AndroidManifest.xml.
            int id = item.getItemId();
            if (id == R.id.action_settings) {
                return true;
            }
            return super.onOptionsItemSelected(item);
        }


        @Override
        public void onClick(View v) {
            // TODO Auto-generated method stub
```

```java
            switch (v.getId()) {
            case R.id.Bingresar:
                String cadena1= usuario.getText().toString();
                String cadena2 = password.getText().toString();

                if (cadena1.equals("jose") &&
cadena2.equals("lujan")){
                    Toast.makeText(getApplicationContext(),
"usuario y password correcto",
                            Toast.LENGTH_SHORT).show();
                }else{
                    Toast.makeText(getApplicationContext(),
"usuario y password incorrecto",
                            Toast.LENGTH_SHORT).show();
                }

                break;
            case R.id.Bolvidar:

                    break;
            case R.id.Bregistrar:

                break;
            default:
                break;
            }
        }
    }
```

Declarar elementos en un archivo Java

Agregaremos los elementos que deseamos manipular en código, le podemos colocar el nombre que deseemos, se recomienda declarar al inicio del archivo los elementos que se van a usar, ya que esto estructura mejor el código. Nosotros usaremos 5 elementos.

```java
    EditText usuario,password;
    Button ingresar,olvidar, registrar;
```

Siempre tenemos que colocar el mismo tipo, si en el XML estamos colocando un elemento como *EditText* si queremos usarlo en el archivo.java debemos crear un elemento del tipo *EditText* para que estos coincidan y no provoquemos un error.

Ligar elementos declarados en archivo Java con los del archivo XML

Ahora vamos a unir los elementos que declaramos al principio del archivo con el elemento gráfico correspondiente del archivo *main_activity.xml,* como ya comentamos tienen que ser del mismo tipo, si yo declaro un *EditText* en el archivo .java lo debo de unir con un *EditText* en el XML, en caso de no ser del mismo tipo marcaría un error o tendríamos que ver la forma de crear una compatibilidad de tipos.

Para ligarlos utilizaremos dos cosas, el *findviewById* y el ID que le asignamos en el XML, quedarían como los siguientes.

```
usuario = (EditText) findViewById(R.id.Nusuario);
password = (EditText) findViewById(R.id.Pusuario);
ingresar= (Button) findViewById(R.id.Bingresar);
olvidar = (Button) findViewById(R.id.Bolvidar);
registrar = (Button) findViewById(R.id.Bregistrar);
```

Interacción con botones

Para que los botones puedan interactuar (ser presionados y ejecutar algo) vamos a utilizar el método *onClick(),* pero primero debemos darles la capacidad de reaccionar al ser presionados, para esto utilizamos la interfaz *onClickListener().*

Para usar la interfaz tenemos que añadirla al crear la *class MainActivity*:

```
public class MainActivity extends Activity implements
OnClickListener{
```

Agregando el ***implements OnClickListener*** habilitamos la posibilidad de que los elementos de nuestra actividad puedan ser presionados.

Al agregar el *onClickListener* en el *import* tenemos dos opciones:

android.view.View.OnClickListener

android.content.DialogInterface.OnClickListener

Lo que va a funcionar correctamente para este ejercicio es el primero.

Ahora tenemos que definir nuestro método *onClick(View v)*

```java
@Override
    public void onClick(View v) {
        // TODO Auto-generated method stub
        switch (v.getId()) {
        case R.id.Bingresar:
            String cadena1= usuario.getText().toString();
            String cadena2 = password.getText().toString();

            if (cadena1.equals("jose") &&
cadena2.equals("lujan")){
                Toast.makeText(getApplicationContext(),
"usuario y password correcto",
                        Toast.LENGTH_SHORT).show();
            }else{
                Toast.makeText(getApplicationContext(),
"usuario y password incorrecto",
                        Toast.LENGTH_SHORT).show();
            }

            break;
        case R.id.Bolvidar:

                    break;
        case R.id.Bregistrar:

            break;
        default:
            break;
        }
    }
```

El método **onClick()** recibe una vista **View v** como parámetro, que es el elemento que fue presionado o al que se hizo clic.

Para poder usar el mismo *onClick()* para todos los elementos con los que deseamos interactuar, lo que hacemos es agregar una instrucción **switch()** dentro del mismo para que cada uno de los elementos realice algo diferente. Dentro del *switch* tenemos que preguntar el *ID* para saber cuál es el código que vamos ejecutar. Para preguntar el ID utilizamos el siguiente código:

```
switch (v.getId())
```

Ahora creamos un caso para cada uno de los ID a los que deseamos reaccionar:

```
case R.id.Bingresar:
break;
case R.id.Bolvidar:
break;
case R.id.Bregistrar:
break;
```

Podemos ver que los *ID* son similares a los que tenemos en el archivo XML y que funciona como parte de nuestra interfaz gráfica. Entre el *case* y el *break* de cada uno de ellos debemos colocar las instrucciones que deseamos ejecutar para cada uno.

En el caso del botón *Bingresar* sabemos que es el que va a evaluar si usuario="jose" y password="lujan". Entonces colocamos el siguiente código:

```
case R.id.Bingresar:
    String cadena1= usuario.getText().toString();
    String cadena2 = password.getText().toString();

    if (cadena1.equals("jose") && cadena2.equals("lujan")){
    Toast.makeText(getApplicationContext(), "usuario y password
correcto",
                        Toast.LENGTH_SHORT).show();
    }else{
    Toast.makeText(getApplicationContext(), "usuario y password
incorrecto",
                        Toast.LENGTH_SHORT).show();
        }
```

Creamos dos cadenas, cadena1 y cadena2, para recibir del *EditText* el texto y poderlo comparar, tenemos que volverlo del tipo *String* para poder compararlo.

Utilizamos la instrucción **if** para comparar, en Java para comparar cadenas se utiliza **.equals().** Realizamos la doble comparación en el mismo if, tanto de jose=usuario y lujan=password.

```
if (cadena1.equals("jose") && cadena2.equals("lujan")){
```

En caso de ser correcto le pedimos que muestre un mensaje, para mostrar un mensaje corto al usuario podemos usar la clase *Toast*.

Clase Toast

El elemento *Toast* nos permite crear un mensaje con duración "larga" y "corta" que se mostrará al usuario en la pantalla, su código sería el siguiente:

```
Toast.makeText(getApplicationContext(), "usuario y password
correcto",
                        Toast.LENGTH_SHORT).show();
```

En estas líneas de código lo que estamos haciendo es crear el mensaje *Toast* que nos pide 3 parámetros:

El contexto *(getApplicationContext()),* el mensaje que vamos a mostrar *("usuario y password correcto")* y la duración del mensaje *(Toast.LENGTH_SHORT)* . Finalmente tenemos que agregar el *.show()* para que sea visible el mensaje, en caso de no colocarlo, el mensaje no se va a mostrar.

En caso de que no coincidan el usuario y el password lo que tenemos que hacer es mostrar un *Toast* similar pero cambiando el texto por "usuario y password incorrecto".

En caso de colocar "jose" en usuario y "lujan" en password al hacer clic con el botón *ingresar* debería de mostrar el siguiente resultado.

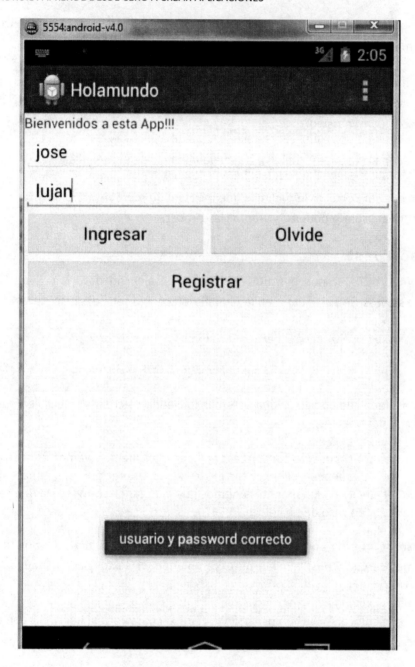

En el caso de escribir alguna de las dos cadenas de texto diferentes a las que se esperan recibir, el resultado sería como la siguiente imagen.

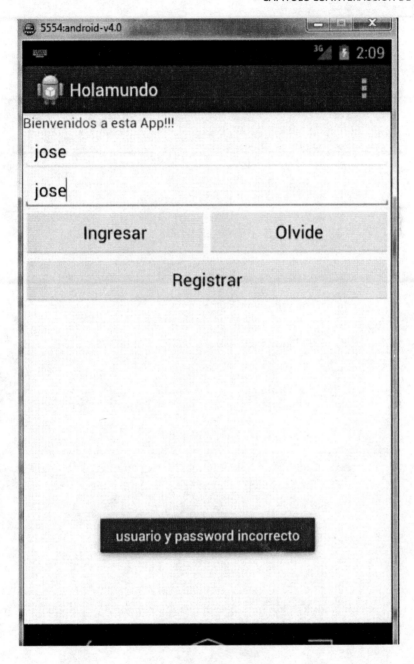

AGREGAR ACTIVIDADES

12

Para agregar una actividad nueva tenemos que seguir estos pasos:

- Crear la interfaz gráfica (archivo XML)
- Crear la parte lógica (archivo Java)
- Registrarla en el *manifest* de la aplicación

Después de esos pasos ya solo tendríamos que invocarla cuando sea necesaria.

Crear la interfaz gráfica

Para crear la interfaz gráfica vamos a colocarnos en el directorio *layout* que queremos crearla, para nuestro ejemplo vamos a usar el directorio *layout* por defecto, el que solo lleva de nombre *layout* (sin prefijos). Pulsamos botón derecho y seleccionamos *New*, después *Android XML File*.

Camino: ***directorio layout(clic derecho)-> New -> Android XML File***

Nos mostrará una ventana como la de la siguiente imagen.

Colocamos en el campo *File* el nombre del archivo y en la lista de elementos que lleva el nombre de *Root Element* nos permite colocar el elemento principal del XML, seleccionamos el *LinearLayout* y hacemos clic en *Finish*.

Ahora ya tenemos nuestro segundo XML que será la interfaz de la segunda actividad de nuestra aplicación.

Crear un archivo .Java de una actividad

Para crear el archivo *.java* vamos al directorio *src* de nuestra aplicación, pulsamos botón derecho y seleccionamos la opción *New* y luego *Class*. Nos mostrará una ventana como la siguiente imagen:

Camino: ***directorio src(clic derecho) -> New -> Class***

El único campo que debemos llenar es el del nombre, en este campo estamos colocando el nombre de la clase, las clases en Java tienen ciertas normas que debemos de seguir. Para escribir el nombre se debe utilizar la notación *CamelCase*. Esta notación tiene como regla que no se pueden colocar espacios entre palabras y que siempre la primera letra de cada palabra debe ir en mayúscula. Las demás opciones vienen seleccionadas por defecto, en realidad es muy rara la ocasión que tendremos que modificarlas. Después de colocar el nombre hacemos clic en *Finish*.

Ahora ya tenemos una clase nueva y que está vacía, solo contiene el siguiente código:

```
public class NuevaActividad {

}
```

Vamos a agregar el siguiente código a la clase *NuevaActividad* y debería quedar de la siguiente manera:

```
import com.example.holamundo.R;

import android.app.Activity;
import android.os.Bundle;


public class NuevaActividad extends Activity {
    protected void onCreate(Bundle savedInstanceState) {
        super.onCreate(savedInstanceState);
        setContentView(R.layout.nuevaactividad);
    }
}
```

Si examinamos el código podemos observar que es similar al *MainActivity* del "Holamundo" que creamos en el capítulo 4, la diferencia es que ahora el *setContentView* contiene otro valor dentro, como la interfaz de este se encuentra en el archivo *nuevaactividad.xml* debemos de colocar el siguiente código:

```
setContentView(R.layout.nuevaactividad)
```

Registrar la actividad nueva en el manifest

Para registrar la nueva actividad que acabamos de crear debemos de agregar el siguiente código en el *manifest*.

```
    <activity
            android:name=".NuevaActividad"
            android:label="@string/app_name"


        >
        <intent-filter>
            <action
android:name="android.intent.action.NUEVAACTIVIDAD" />

            <category
android:name="android.intent.category.DEFAULT" />
        </intent-filter>
    </activity>
```

Podemos copiar y pegar la etiqueta *<activity>* que ya tenía el *manifest* del *MainActivity* pero cambiando los siguientes valores:

Propiedad *android:name:* debemos de colocar el nombre del archivo .java que tiene la parte de código de la actividad.

```
    android:name=".NuevaActividad"
```

Propiedad *action* de la etiqueta *intent-filter:* debemos de colocar el nombre del archivo XML todo en Mayúsculas.

```
    <action android:name="android.intent.action.NUEVAACTIVIDAD" />
```

Propiedad *category* de la etiqueta *intent-filter*: debemos colocar el valor DEFAULT a todo aquella que no es la actividad principal.

```
    <category android:name="android.intent.category.DEFAULT" />
```

Finalmente tenemos agregada una segunda actividad a nuestra aplicación. Para cualquier actividad que deseamos agregar en una actividad debemos de realizar los mismos pasos que acabamos de hacer.

Abrir una actividad a partir de un botón

Para que una actividad sea llamada a partir de presionar un botón, agregaremos el siguiente código, usaremos el botón "olvide" de nuestra primera actividad.

```
case R.id.Bolvidar:
  Intent intent = new Intent(this,NuevaActividad.class);
    startActivity(intent);
break;
```

Lo que vamos a utilizar es una clase que se llama *Intent*. Esta clase sirve para invocar componentes, por ejemplo una actividad. Para crear un *intent* hacemos lo siguiente:

```
Intent intent = new Intent(this,NuevaActividad.class);
```

En el momento de crear el *intent (new Intent)* tenemos que pasarle dos parámetros: el contexto y la clase que vamos a mandar a llamar. En el contexto colocamos *this*, en la clase colocamos el nombre de la segunda actividad que creamos: *NuevActividad.class*.

El código completo de nuestro *switch* debería de quedar como el siguiente:

```
switch (v.getId()) {
        case R.id.Bingresar:
            String cadena1= usuario.getText().toString();
            String cadena2 = password.getText().toString();

            if (cadena1.equals("jose") &&
cadena2.equals("lujan")){
                Toast.makeText(getApplicationContext(),
"usuario y password correcto",
                        Toast.LENGTH_SHORT).show();
            }else{
                Toast.makeText(getApplicationContext(),
"usuario y password incorrecto",
                        Toast.LENGTH_SHORT).show();
            }

            break;
        case R.id.Bolvidar:
            Intent intent = new
Intent(this,NuevaActividad.class);
```

```
            startActivity(intent);
                    break;
case R.id.Bregistrar:

            break;
default:
            break;
```

En el momento de presionar el botón "olvidar" de nuestra primera actividad debería de mostrarnos una actividad vacía nueva, está vacía porque al instante de crearla no le colocamos ningún elemento en el XML. Se debería de ver como la siguiente imagen:

TIPOS DE SCROLL

En el mundo de la informática cuando nos referimos al término *"scroll"* hacemos referencia a lo que en español conocemos como desplazamiento. En las aplicaciones Android tenemos 2 tipos de desplazamiento, el horizontal y vertical.

En este capítulo vamos a crear una actividad que tenga un grupo de imágenes y dependiendo de la que seleccionemos vamos a cambiar el fondo de pantalla de nuestro teléfono.

Abordaremos varios temas en este capítulo:

- HorizontalScrollView
- ScrollView
- ImageView
- Permisos

HorizontalScrollView

Primero vamos a crear nuestra interfaz en la que vamos aplicar a una serie de imágenes un HorizontalScrollView.

Nuestra interfaz se ve como la siguiente imagen:

El código de la interfaz es el siguiente:

```xml
    <LinearLayout
xmlns:android="http://schemas.android.com/apk/res/android"
        xmlns:tools="http://schemas.android.com/tools"
        android:layout_width="match_parent"
        android:layout_height="match_parent"
        android:orientation="vertical"
        tools:context="com.example.holamundo.MainActivity" >

    <ImageView
        android:layout_width="200dp"
        android:layout_height="200dp"
        android:src="@drawable/android"
        android:layout_gravity="center_horizontal"
        android:id="@+id/principal"
        />

    <HorizontalScrollView
        android:layout_width="250dp"
        android:layout_height="wrap_content"
        android:layout_gravity="center_horizontal"
        android:scrollbars="none"
        >

        <LinearLayout
            android:layout_width=mathl_parent"
            android:layout_height="wrap_content"
            android:orientation="horizontal"
            >

        <ImageView
        android:layout_width="150dp"
        android:layout_height="150dp"
        android:src="@drawable/android"
        android:layout_gravity="center_horizontal"
        android:id="@+id/android" ></ImageView>

        <ImageView
        android:layout_width="150dp"
        android:layout_height="150dp"
        android:src="@drawable/apple"
        android:layout_gravity="center_horizontal"
        android:id="@+id/apple"
        android:paddingLeft="15dp"
         ></ImageView>

        <ImageView
```

```
            android:layout_width="150dp"
            android:layout_height="150dp"
            android:src="@drawable/linux"
            android:layout_gravity="center_horizontal"
            android:id="@+id/linux"
            android:paddingLeft="15dp"

            ></ImageView>


        <ImageView
            android:layout_width="200dp"
            android:layout_height="200dp"
            android:src="@drawable/mozilla"
            android:layout_gravity="center_horizontal"
            android:id="@+id/mozilla" >
            </ImageView>
        </LinearLayout>
    </HorizontalScrollView>

    <Button
        android:layout_width="wrap_content"
        android:layout_height="wrap_content"
        android:text="Poner de Fondo"
        android:id="@+id/bt1"
        />
</LinearLayout>
```

De las líneas de código que ya se han explicado anteriormente en otros capítulos se omitirá su explicación.

Tenemos el *LinearLayout* principal del que ya entendemos todas las líneas de código:

```
    <LinearLayout
xmlns:android="http://schemas.android.com/apk/res/android"
    xmlns:tools="http://schemas.android.com/tools"
    android:layout_width="match_parent"
    android:layout_height="match_parent"
    android:orientation="vertical"
    tools:context="com.example.holamundo.MainActivity" >
```

ImageView

Después declaramos un *ImageView*, este es un elemento que sirve para colocar imágenes en una aplicación Android. Tiene sus propiedades.

```
<ImageView
        android:layout_width="200dp"
        android:layout_height="200dp"
        android:src="@drawable/android"
        android:layout_gravity="center_horizontal"
        android:id="@+id/principal"
        />
```

Los atributos *layout_width* y *layout_height* para este ejercicio están definidos en *200dp*, en realidad los elementos no deberían tener un tamaño fijo, pero para este ejercicio queremos forzar una medida equitativa para todas las imágenes y asegurar que podemos verlas en la pantalla. Una aplicación que va a subirse a la tienda de aplicaciones y queremos que tenga soporte multipantalla, no debería colocar valor fijo en ningún elemento. Deberíamos de aplicar lo visto en el capítulo 7 de este libro.

En el *ImageView* tenemos un atributo *src,* este sirve para indicarle la fuente de la imagen que Android debe colocar para este elemento, esta imagen debe estar en el directorio *drawable* y por lo menos en una densidad. Este *ImageView* tiene como imagen asignada una que lleva el nombre de "android". Esta imagen es Andy (androide verde que sirve de logo para este sistema operativo). El código es el siguiente:

```
android:src="@drawable/android"
```

El atributo **layout_gravity** sirve para alinear el elemento *ImageView* en el centro de la pantalla de forma horizontal, podemos poner diferentes valores de alineación, centrado horizontal, centrado vertical, derecha, izquierda, arriba, entre otros. La línea de código es la siguiente:

```
android:layout_gravity="center_horizontal"
```

El ID que le asignamos a este *ImageView* es el texto "principal", ya que la imagen que se esté mostrando en este contenedor en el momento de pulsar el botón "Poner de fondo" la tomará para colocarla como "Wallpaper" del móvil.

HorizontalScrollView

Este elemento sirve para realizar un desplazamiento de otros elementos que colocamos en su interior y realizar desplazamientos de forma horizontal. Tendremos que colocar su ancho, su alto y tenemos la opción de colocar una *scrollbar* que nos sirva como referencia, en este ejemplo colocamos el valor como *none* porque no queremos ver la barra de desplazamiento.

Dentro del *HorizontalScrollView* colocamos un *LinearLayout* para colocar los elementos de forma horizontal; el código es el siguiente:

```
<HorizontalScrollView
        android:layout_width="250dp"
        android:layout_height="wrap_content"
        android:layout_gravity="center_horizontal"
        android:scrollbars="none"
        >

        <LinearLayout
            android:layout_width="match_parent"
            android:layout_height="wrap_content"
            android:orientation="horizontal"
            >
```

Ahora vamos a declarar las 4 imágenes que vamos a colocar para este ejercicio del desplazamiento, todas tienen un alto y ancho de 150dp, se les coloca su respectiva fuente en el atributo *src* y una alineación en la etiqueta *layout_gravity*, además se les coloca un ID para acceder más adelante a ellas desde el código Java.

```
        <ImageView
        android:layout_width="150dp"
        android:layout_height="150dp"
        android:src="@drawable/android"
        android:layout_gravity="center_horizontal"
        android:id="@+id/android" ></ImageView>

        <ImageView
```

```
            android:layout_width="150dp"
            android:layout_height="150dp"
            android:src="@drawable/apple"
            android:layout_gravity="center_horizontal"
            android:id="@+id/apple"
            android:paddingLeft="15dp"
             ></ImageView>

            <ImageView
            android:layout_width="150dp"
            android:layout_height="150dp"
            android:src="@drawable/Linux"
            android:layout_gravity="center_horizontal"
            android:id="@+id/Linux"
            android:paddingLeft="15dp"

            ></ImageView>


            <ImageView
            android:layout_width="200dp"
            android:layout_height="200dp"
            android:src="@drawable/mozilla"
            android:layout_gravity="center_horizontal"
            android:id="@+id/mozilla"
                 >
                </ImageView>
```

Botón

Finalmente declaramos un botón fuera del *HorizontalScrollView* y *LinearLayout* para que este no entre en el desplazamiento y sea el que en el momento de hacer clic cambie el fondo de pantalla de nuestro móvil.

El código queda así:

```
<Button
            android:layout_width="wrap_content"
            android:layout_height="wrap_content"
            android:text="Poner_de_Fondo"
            android:id="@+id/bt1"
            />
```

Código de la actividad

El código de la actividad es el siguiente (*MainActivity*):

```java
package com.example.holamundo;

import java.io.IOException;

import android.app.Activity;
import android.graphics.Bitmap;
import android.graphics.BitmapFactory;
import android.os.Bundle;
import android.view.Menu;
import android.view.MenuItem;
import android.view.View;
import android.view.View.OnClickListener;
import android.widget.Button;
import android.widget.ImageView;

public class MainActivity extends Activity implements
OnClickListener{
    ImageView referencia,android,apple,linux,mozilla;
    Button boton;
    int movil;
    @Override
    protected void onCreate(Bundle savedInstanceState) {
        super.onCreate(savedInstanceState);
        setContentView(R.layout.activity_main);

            referencia = (ImageView)
findViewById(R.id.principal);
        android = (ImageView) findViewById(R.id.android);
        apple = (ImageView) findViewById(R.id.apple);
        linux =(ImageView) findViewById(R.id.linux);
        mozilla=(ImageView)  findViewById(R.id.mozilla);
        boton = (Button) findViewById(R.id.bt1);

        android.setOnClickListener(this);
        apple.setOnClickListener(this);
        linux.setOnClickListener(this);
        mozilla.setOnClickListener(this);
        boton.setOnClickListener(this);
    }
```

```java
        @Override
        public boolean onCreateOptionsMenu(Menu menu) {
                // Inflate the menu; this adds items to the action bar
if it is present.
                getMenuInflater().inflate(R.menu.main, menu);
                return true;
        }

        @Override
        public boolean onOptionsItemSelected(MenuItem item) {
                // Handle action bar item clicks here. The action bar
will
                // automatically handle clicks on the Home/Up button,
so long
                // as you specify a parent activity in
AndroidManifest.xml.
                int id = item.getItemId();
                if (id == R.id.action_settings) {
                    return true;
                }
                return super.onOptionsItemSelected(item);
        }

        @Override
        public void onClick(View v) {
                // TODO Auto-generated method stub
                switch (v.getId()) {
                case R.id.android:
                    referencia.setImageResource(R.drawable.android);
                    movil =R.drawable.android;
                    break;
                case R.id.apple:
                    referencia.setImageResource(R.drawable.apple);
                    movil = R.drawable.apple;
                    break;
                case R.id.linux:
                    referencia.setImageResource(R.drawable.linux);
                    movil =R.drawable.linux;
                    break;
                case R.id.mozilla:
                    referencia.setImageResource(R.drawable.mozilla);
                    movil = R.drawable.mozilla;
                    break;
                case R.id.bt1:
```

```java
                Bitmap fondo =
BitmapFactory.decodeStream(getResources().openRawResource(movil));
                try {
                    getApplicationContext().setWallpaper(fondo);
                } catch (IOException e) {
                    // TODO Auto-generated catch block
                    e.printStackTrace();
                }

                break;


            default:
                break;
            }
        }




        }
```

Como en todos los ejercicios del libro, se omite la explicación de las líneas repetidas de código en anteriores capítulos o ejemplos.

Primero declaramos los elementos que vamos a usar, son 5 *ImageView*, 1 *Button* y 1 *int*(entero):

```java
ImageView referencia,android,apple,linux,mozilla;
Button boton;
int movil;
```

A continuación asignamos a cada elemento del archivo XML al que queremos hacer referencia desde el código Java.

```java
referencia = (ImageView) findViewById(R.id.principal);
android = (ImageView) findViewById(R.id.android);
apple = (ImageView) findViewById(R.id.apple);
linux =(ImageView) findViewById(R.id.linux);
mozilla=(ImageView)  findViewById(R.id.mozilla);
boton = (Button) findViewById(R.id.bt1);
```

En el evento *onclick()* tenemos que tener 4 casos para las imágenes del *ScrollViewHorizontal (android, apple, Linux,mozilla)* y uno para el botón(*boton*).

En cada uno de los casos de las imágenes le vamos asignar al *"ImageView referencia"* que es el principal, la misma imagen a la que se le hizo clic, con la siguiente instrucción vamos a decirle que tome la fuente de la imagen desde el directorio *drawable* y con el nombre correspondiente de cada caso, en el supuesto de ser Android por ejemplo:

```
referencia.setImageResource(R.drawable.android);
```

La línea anterior la tenemos que hacer en cada caso, con la asignación de su respectivo recurso.

Ahora le vamos a asignar el mismo recurso del directorio *drawable* en cada caso (instrucción *case*) a la variable *movil* del tipo entero, esto es porque en el momento de hacer clic al botón, este tomará el valor que contenga la variable *movil* para cambiar el fondo de nuestro móvil.

La variable *movil* siempre va a tener el valor de la última imagen a la que se le hizo clic, esto se tiene que hacer para cada caso también como la línea anterior de código y el código es el siguiente:

```
movil =R.drawable.android;
```

En el caso del botón tendremos algo diferente, ya que el botón tiene que utilizar la variable *movil* para obtener la imagen y esta colocarla como fondo de nuestro móvil.

Utilizamos la instrucción *openRawResource* y la clase *Bitmap* para poder colocar el fondo, ya que la instrucción *.setWallpaper* nos solicita un *Bitmap*. Además al querer colocar el fondo tendremos que crear una instrucción *try/catch*, esto es porque debido a que interactuamos con algo que se encuentra fuera de nuestra aplicación y que pertenece al sistema operativo, tenemos que manejar los posibles errores para evitar problemas al usuario. El código es el siguiente:

```
case R.id.bt1:
            Bitmap fondo =
BitmapFactory.decodeStream(getResources().openRawResource(movil));
            try {
                getApplicationContext().setWallpaper(fondo);
            } catch (IOException e) {
                // TODO Auto-generated catch block
                e.printStackTrace();
            }

            break;
```

Si hacemos todo lo anterior en el *onClick()*, el código debe ser como el siguiente:

```
public void onClick(View v) {
        // TODO Auto-generated method stub
        switch (v.getId()) {
        case R.id.android:
            referencia.setImageResource(R.drawable.android);
            movil =R.drawable.android;
            break;
        case R.id.apple:
            referencia.setImageResource(R.drawable.apple);
            movil = R.drawable.apple;
            break;
        case R.id.linux:
            referencia.setImageResource(R.drawable.linux);
            movil =R.drawable.linux;
            break;
        case R.id.mozilla:
            referencia.setImageResource(R.drawable.mozilla);
            movil = R.drawable.mozilla;
            break;
        case R.id.bt1:
            Bitmap fondo =
BitmapFactory.decodeStream(getResources().openRawResource(movil));
            try {
                getApplicationContext().setWallpaper(fondo);
            } catch (IOException e) {
                // TODO Auto-generated catch block
                e.printStackTrace();
            }
```

```
        break;


    default:
        break;
    }
  }
```

Permisos

Cuando estamos queriendo acceder a recursos fuera de la aplicación, lo más común es que tengamos que solicitar permisos al usuario. Los permisos son una forma de mantener un nivel de seguridad en el que el usuario puede mantener cierto control sobre lo que se hace en su dispositivo.

Los permisos los tenemos que solicitar en el archivo *manifest*, el usuario cuando descarga nuestra aplicación es informado de los permisos que necesita para funcionar, en el momento de descargar el usuario está aceptando los permisos, en muchos casos también se pueden controlar desde la configuración del móvil, pero el usuario habitual no configura los permisos de forma personalizada, en realidad solamente revisa los permisos cuando descarga una aplicación desde la tienda.

Para solicitar el permiso de cambio de fondo de pantalla tenemos que ir al *manifest* y agregar la siguiente línea:

```
    <uses-permission
android:name="android.permission.SET_WALLPAPER"/>
```

Los permisos por convención se colocan debajo de la etiqueta *<uses-sdk>* del *manifest*.

Este permiso ya nos da la posibilidad de acceder a la configuración del *wallpaper* y cambiarlo. Si ejecutáramos nuestra aplicación, esta se cerraría de forma inesperada ya que no contamos con el permiso de acceso al *wallpaper*.

Probando la aplicación

Nuestra aplicación se debe ver así:

Después de seleccionar alguna imagen y pulsar el botón "Poner de Fondo", este debe cambiar el fondo del móvil y verse de la siguiente forma (dependiendo la imagen seleccionada):

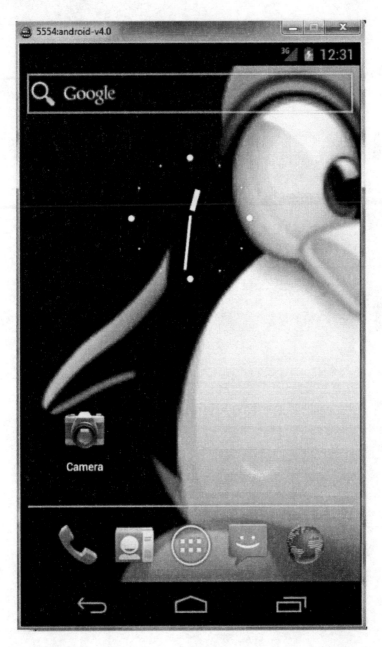

WEBVIEW

WebView es una clase que nos proporciona Android para usarla como base y crear nuestro propio navegador o también podemos utilizarla para ver archivos *html* en nuestro navegador. Esta clase utiliza el motor de renderizado *WebKit*, incluye todas las características básicas de un navegador como zoom, búsquedas de texto, desplazamiento atrás y adelante, entre otros.

El XML que vamos a utilizar para el *WebView* debe tener el siguiente código:

```xml
<LinearLayout
xmlns:android="http://schemas.android.com/apk/res/android"
    xmlns:tools="http://schemas.android.com/tools"
    android:layout_width="match_parent"
    android:layout_height="match_parent"
   android:orientation="vertical"
    tools:context="com.example.webviw.MainActivity" >

    <WebView
        android:layout_width="match_parent"
        android:layout_height="match_parent"
        android:id="@+id/navegador"
        />

</LinearLayout>
```

El *LinearLayout* es como el de cualquier otra aplicación de las que ya creamos. El elemento <*WebvView*> es nuevo. Al elemento *WebView* de nuestro XML lo expandimos al tamaño total de nuestra pantalla y para eso los atributos *layout_width* y *layout_height* los colocamos con el valor *match_parent*.

Finalmente le colocamos un ID que lleva de nombre *"navegador"* para poder acceder a este elemento desde el archivo Java.

La actividad tiene el siguiente código:

```java
package com.example.webviw;

import android.app.Activity;
import android.os.Bundle;
import android.view.Menu;
import android.view.MenuItem;
import android.webkit.WebView;
import android.webkit.WebViewClient;


public class MainActivity extends Activity {
    private WebView minavegador;
    @Override
    protected void onCreate(Bundle savedInstanceState) {
        super.onCreate(savedInstanceState);
        setContentView(R.layout.activity_main);

    minavegador = (WebView) findViewById(R.id.navegador);

        minavegador.getSettings().setJavaScriptEnabled(true);
        minavegador.getSettings().setBuiltInZoomControls(true);

        minavegador.loadUrl("http://ockhamti.com");

        minavegador.setWebViewClient( new  WebViewClient()
        {

            public boolean shouldOverrideUrlLoading(WebView
view, String url)
            {

                return false;

            }
```

```
            });
        }


        @Override
        public boolean onCreateOptionsMenu(Menu menu) {
            // Inflate the menu; this adds items to the action bar
if it is present.
            getMenuInflater().inflate(R.menu.main, menu);
            return true;
        }

        @Override
        public boolean onOptionsItemSelected(MenuItem item) {
            // Handle action bar item clicks here. The action bar
will
            // automatically handle clicks on the Home/Up button,
so long
            // as you specify a parent activity in
AndroidManifest.xml.
            int id = item.getItemId();
            if (id == R.id.action_settings) {
                return true;
            }
            return super.onOptionsItemSelected(item);
        }
    }
```

Declaramos un elemento *WebView*:

```
private WebView minavegador;
```

Enlazamos el elemento *minavegador* que ya declaramos con el elemento *WebView* del elemento XML:

```
minavegador = (WebView) findViewById(R.id.navegador);
```

Habilitaremos dos de las propiedades de muchas que podemos manipular de un *WebView*, en la primera línea habilitamos el uso de *Javascript* en nuestro elemento *minavegador* y en la siguiente línea estamos habilitando la propiedad que nos permite hacer *Zoom*, en caso de no querer permitir su uso cambiaríamos el valor que encontramos ahora en *"true"* por *"false"*, el código es el siguiente:

```
minavegador.getSettings().setJavaScriptEnabled(true);
minavegador.getSettings().setBuiltInZoomControls(true);
```

Finalmente colocaremos el código que cargue una web en nuestro elemento *WebView*, para eso utilizamos la instrucción *loadUrl* y colocar una *url* entre comillas, quedaría como el siguiente código:

```
minavegador.loadUrl("http://ockhamti.com");
```

Hasta ahora el código que hemos descrito funciona, el problema es que si en la web que cargamos tenemos enlaces como normalmente tiene la mayoría, al hacer clic nos pediría abrir el navegador nativo de nuestro dispositivo para continuar navegando, esto ocasiona doble carga de trabajo y además afecta a la experiencia del usuario.

Para que al navegar sobre una web esta se mantenga en el mismo *WebView* que hemos creado debemos utilizar la instrucción *shouldOverrideUrlLoading*, esta instrucción lo que hará es que siempre que va a cargar una *URL* sobre el mismo *WebView*, pero para usarla utilizamos la instrucción *setWebViewClient*, con esto logramos mantenerlo como un "Cliente" del *Webview*, el código debe ser el siguiente:

```
minavegador.setWebViewClient( new  WebViewClient()
        {

            public boolean shouldOverrideUrlLoading(WebView
view, String url)
            {

                return false;

            }


        });
```

Para que nuestro *WebView* siempre pueda cargar cualquier URL accediendo a internet, debemos de colocar el permiso de acceso a internet en nuestro archivo *manifest*, recordemos que la recomendación para colocar los permisos siempre es entre la etiqueta *uses-sdk* y *application*.

```
<uses-permission android:name="android.permission.INTERNET"/>
```

Así es cómo finalmente se ve nuestro *WebView* cargando la URL: http://ockhamti.com, pero se le puede colocar cualquier *URL* y por recomendación sin utilizar el "*WWW*" al principio de ella.

WEBAPP VS NATIVO

En este capítulo nos dedicamos a definir los conceptos de *WebApp* y aplicación nativa, hablaremos de las características, ventajas, desventajas y el estado actual del desarrollo en ambos lados.

Webapp

En los últimos años con el crecimiento del desarrollo móvil la creación de aplicaciones para estos creció de manera exponencial, además de que la gente está adoptando esta tecnología con tanta velocidad y facilidad que representa un mercado bastante atractivo para cualquier empresa, la tendencia sigue aumentando y esto significa que en los años siguientes seguirá creciendo.

El mayor problema de las empresas al ingresar en el mundo de las aplicaciones es que tenemos varios sistemas operativos en el mercado, iOS, Blackberry, FirefoxOS, Tizen, Android, Windows Phone, entre otros. Al ser un área relativamente nueva para las empresas, la inversión que tienen destinada no es del todo suficiente para cubrir los mercados, en algunas ocasiones de manera inteligente optan por estudiar cuál es la preferencia de sus clientes y deciden realizar una aplicación solamente para estos. Otro problema reside también que a diferencia del desarrollo de sitios web (*backend y frontend*) el desarrollo móvil es relativamente nuevo y es más caro muchas veces un proyecto de esta naturaleza.

Este problema y la evolución de tecnologías como *HTML5, CSS y Javascript* llevaron a plantear una nueva solución que es el "Desarrollo multiplataforma" o las famosas "*Webapps*".

En principio una *webapp* es una aplicación que funciona independientemente del sistema operativo que la ejecute, es decir, que si tenemos Android debe funcionar, si tenemos iOS, Blackberry, Windows Phone o cualquier otro sistema operativo su funcionamiento debe ser el mismo.

La mayoría de las *webapps* concentran su fuerza en el uso de *HTML, CSS y Javascript* dentro de un navegador, ya que cualquier sistema operativo se conecta a internet y cuenta con un navegador nativo, así habilita el uso de una *webapp* en cualquier navegador. Esto en teoría reduce la inversión ya que al utilizar la misma aplicación significa que no tenemos que pagar un desarrollo para cada sistema operativo y reduce los costos sustancialmente. Muchas empresas ven esto como una solución viable al comenzar en el mundo del desarrollo móvil.

Actualmente existen muchos *frameworks* que nos ayudan a mejorar y agilizar el desarrollo de una *webapp*, como por ejemplo: *sencha, phonegap, Titanium, JqueryMobile*, entre otros. Todos usan por parte de la programación *Javascript* y por parte del diseño *html y css*.

Muchos de estos *frameworks* son de pago o se tiene que pagar una licencia para su uso, que van desde los 100 dólares hasta los 25000 dólares. Depende del nivel de soporte, librerías y utilidades que desee implementar el desarrollador en su proyecto.

Desarrollo nativo

El término desarrollo nativo hace referencia a crear una aplicación en el lenguaje nativo de cada sistema operativo, por ejemplo: Android está basado en Java, *iOS* en *Objective-C*, entonces si creamos una aplicación nativa quiere decir que estamos creando una aplicación en el lenguaje de programación en el que está basado el sistema operativo.

Al necesitar un desarrollador especialista en un lenguaje de programación normalmente eleva el costo del desarrollo nativo, pero siempre al utilizar la tecnología nativa. Por ejemplo cuando Android sufre una actualización solo es cuestión de horas o días para tener acceso a las nuevas *APIs*, utilidades o librerías, esto es porque siempre que se anuncian cambios es para anunciar a las comunidades de desarrolladores las nuevas formas, metodologías y técnicas de programación que se van a utilizar.

Webapp vs Nativo

Ventajas de una *webapp*

- El desarrollo de la mayoría de *webapps* utiliza *HTML, CSS y Javascript*, así que tendremos la posibilidad más amplia de encontrar profesionales que puedan trabajar en ello.
- El costo es relativamente más bajo por la relación oferta-demanda en los profesionales.
- El tiempo de desarrollo debería de ser más rápido debido a la no especialización a nivel de hardware, *API´s*, con los dispositivos.

Desventajas de una *webapp*

- Difícil acceso al hardware del dispositivo, por ejemplo la cámara, almacenamiento interno de datos, entre otros.
- Casi nulo acceso a los sensores y a los datos que arrojan, el navegador aún no cuenta con la posibilidad en la mayoría de los casos y con la velocidad que aparecen nuevos dispositivos, parece que va dos pasos por detrás.
- Al ser una *webapp* el rendimiento en muchos casos no es el óptimo ya que estamos procesando el navegador en donde se monta la *webapp* y además el procesamiento que realiza la *webapp* en el navegador.
- Usabilidad, al ser una aplicación para varios sistemas operativos la iconografía difiere entre ellos, además de contar con diferentes botones y significados, por ejemplo en Android contamos con un botón atrás nativo que todos los dispositivos Android tienen, esta misma aplicación en *iOS* (el procedimiento para atrás o menú) lo tendría que hacer de otra forma. Esto afecta de manera importante a la usabilidad para el usuario.

Ventaja de desarrollo nativo

- Acceso completo al hardware de cada dispositivo.
- Rendimiento óptimo dependiendo de la programación de la aplicación.
- Usabilidad nativa para el usuario en las aplicaciones si esta respeta los estándares dictados por los propietarios.

Desventajas de desarrollo nativo

- Más costoso.
- Más lento por el nivel de especialización requerido por el desarrollador.

Opinión del autor

Antes de leer lo siguiente quiero comentar que no deseo cambiar la opinión de nadie, cada uno de nosotros es un mundo y eso es lo que enriquece la mayoría de los proyectos; respeto cualquier opinión.

Comparto con ustedes unos pequeños párrafos conforme a mi mucha o poca experiencia en el mundo del desarrollo de las aplicaciones.

Para mí como desarrollador lo nativo lleva ventaja por mucho sobre las *webapps*, ya que como desarrolladores nos permiten un acceso total al sistema operativo, al hardware y a los sensores. Podemos obtener ventajas de accesibilidad a las aplicaciones que creamos si implementamos estas tecnologías.

Sumándole también la ventaja de que en cuestión de tiempo es el mínimo lo que tenemos que esperar, las actualizaciones las tenemos de primera mano al liberarlas Google en el caso de Android.

El especializarse en una tecnología conlleva un mejor pago sobre el desarrollo, en la actualidad la necesidad de aplicaciones con calidad es más alta por mucho a la cantidad de profesionales que pueden abastecer esta especialidad, el saber que la preparación nos puede abrir oportunidades en un mercado con gran crecimiento y bastante bien posicionado económicamente, como empleado o empresa, para mí esta buena razón es un gran motivo.

DIBUJOS

Uno de los temas más complejos al trabajar en móviles es la parte de gráficos y animaciones. Esto es debido a las limitaciones, ya que aunque los teléfonos móviles actuales cuentan con recursos muy elevados y similares a los de un PC, muchos siguen teniendo límites en el momento de trabajar y procesar los gráficos. Como vemos es un tema complicado ya que además de hacerlo tenemos que pensar en la mejor forma de hacerlo. En este capítulo trabajaremos con una forma básica de realizar dibujos, así que estos métodos no nos sirven para realizar algún videojuego, pero sí para entender y comenzar a analizar los conocimientos necesarios y sus límites.

La clase principal que vamos usar es *Canvas*. En muchos lenguajes de programación no solamente en Java se utiliza una clase u objeto llamado "canvas" y casi siempre funciona de la misma forma, aunque sí tiene excepciones. Canvas es una clase que hace referencia a una superficie en donde se puede dibujar, se disponen de métodos que nos permiten dibujar de manera sencilla líneas, curvas o figuras predefinidas como por ejemplo: círculo, cuadrado, rectángulo, triángulo, óvalo, entre otros.

Para dibujar en Android, además de necesitar el canvas, utilizamos un pincel que llamamos Paint y en este definimos por ejemplo el color con el que dibujaremos, el grosor, la transparencia u otros efectos.

Nuestro lienzo (canvas) será toda la pantalla de la aplicación, en él podremos dibujar colocando el dedo y arrastrando para formar una figura.

Además, dibujaremos un rectángulo en la parte superior para usar una figura predefinida de todas las que tenemos disponibles.

La interfaz gráfica es muy básica, en realidad solo tendremos un *LinearLayout* básico sin nada dentro, todo lo haremos en el código.

Este es el código del *main_activity.xml*:

```xml
<LinearLayout
xmlns:android="http://schemas.android.com/apk/res/android"
    xmlns:tools="http://schemas.android.com/tools"
    android:layout_width="match_parent"
    android:layout_height="match_parent"
    android:orientation="vertical"
    tools:context="com.example.ejemplodibujo.MainActivity" >


</LinearLayout>
```

El archivo *MainActivity.xml* tiene este código:

```java
package com.example.ejemplodibujo;

import android.app.Activity;
import android.content.Context;
import android.graphics.Canvas;
import android.graphics.Color;
import android.graphics.Paint;
import android.graphics.Path;
import android.os.Bundle;
import android.view.Menu;
import android.view.MenuItem;
import android.view.MotionEvent;
import android.view.View;


public class MainActivity extends Activity {

    @Override
    protected void onCreate(Bundle savedInstanceState) {
        super.onCreate(savedInstanceState);
        Vista vista = new Vista(this);
```

```
            setContentView(vista);
        }

        @Override
        public boolean onCreateOptionsMenu(Menu menu) {
            // Inflate the menu; this adds items to the action bar
if it is present.
            getMenuInflater().inflate(R.menu.main, menu);
            return true;
        }

        @Override
        public boolean onOptionsItemSelected(MenuItem item) {
            // Handle action bar item clicks here. The action bar
will
            // automatically handle clicks on the Home/Up button,
so long
            // as you specify a parent activity in
AndroidManifest.xml.
            int id = item.getItemId();
            if (id == R.id.action_settings) {
                return true;
            }
            return super.onOptionsItemSelected(item);
        }

        class Vista extends View{
            float x = 50;
            float y = 50;
            String accion = "accion";
            Path path = new Path();
            public Vista(Context context) {
                super(context);
                // TODO Auto-generated constructor stub
            }

            public void onDraw(Canvas canvas){
                Paint paint = new Paint();
                paint.setStyle(Paint.Style.STROKE);
                paint.setStrokeWidth(6);
                paint.setColor(Color.BLUE);

                 int ancho=canvas.getWidth();

                if (accion == "down"){ path.moveTo(x, y);}
```

```
            if  (accion == "move"){ path.lineTo(x, y);}

            canvas.drawRect(10,60,ancho-10,19, paint);

            canvas.drawPath(path, paint);
        }

        public boolean onTouchEvent(MotionEvent e){
            x= e.getX();
            y= e.getY();

            if(e.getAction() == MotionEvent.ACTION_DOWN){
accion="down";}
            if(e.getAction() == MotionEvent.ACTION_MOVE){
accion="move";}
            invalidate();
            return true;
        }


    }
  }
```

Declaramos la actividad principal y heredamos de *Activity*.

```
    public class MainActivity extends Activity {
```

Creamos un objeto de la clase *Vista* que declaramos más adelante, indicamos que la vista de esta actividad es "vista" que acabamos de crear:

```
    Vista vista  = new Vista(this);
    setContentView(vista);
```

Creamos una clase que tendrá el nombre "Vista" y hacemos herencia de *View*. Declaramos dos elementos que serán las coordenadas que utilizaremos para dibujar, las llamamos "X" e "Y". Creamos una cadena que se llamará "acción" que utilizaremos para saber si está sobre la pantalla el dedo del usuario o en movimiento sobre la misma. Creamos además un elemento que viene de la clase *Path* ya que esta nos permite definir un trazo a partir de curvas o líneas. Una vez que esté definido podremos después dibujarlo sobre el canvas:

```
class Vista extends View{
    float x = 50;
    float y = 50;
    String accion = "accion";
    Path path = new Path();
```

Creamos el constructor de nuestra clase, y le decimos que lo tome del *super*:

```
public Vista(Context context) {
        super(context);
        // TODO Auto-generated constructor stub
    }
```

Utilizamos el método *onDraw* que es el que se encarga de dibujar. Creamos nuestro pincel con la clase *Paint* para indicarle el grueso, el estilo y el color de lo que vamos a dibujar:

```
public void onDraw(Canvas canvas){
        Paint paint = new Paint();
        paint.setStyle(Paint.Style.STROKE);
        paint.setStrokeWidth(6);
        paint.setColor(Color.BLUE);
```

Creamos una variable ancho, esta nos sirve para saber el ancho del espacio que tenemos para dibujar y que utilizaremos para dibujar el rectángulo más adelante.

Creamos 2 condiciones, una para saber si está abajo el dedo y otra para saber si está en movimiento y dibujar:

```
int ancho=canvas.getWidth();

if (accion == "down"){ path.moveTo(x, y);}
if  (accion == "move"){ path.lineTo(x, y);}
```

Creamos un rectángulo con *draw.Rect* y lo dibujamos utilizando el pincel que definimos anteriormente:

```
canvas.drawRect(10,60,ancho-10,19, paint);
```

Le indicamos al *canvas* que dibujaremos lo que sucedió con las condiciones:

```
canvas.drawPath(path, paint);
    }
```

Utilizamos *onTouchEvent* que nos permite detectar cuándo colocamos el dedo pero además el movimiento que hacemos presionando la pantalla, le decimos que del evento que se genere nos pase las coordenadas "X" e "Y" para saber en dónde sucede y poder tomarlas como referencia para dibujar.

```
public boolean onTouchEvent(MotionEvent e){
            x= e.getX();
            y= e.getY();
```

Utilizamos una condición para saber cuándo sucede un movimiento y cambiar el contenido de la cadena de texto que se llama *"accion"*, tenemos dos opciones: si solamente se coloca el dedo en la pantalla, cambiamos el texto por *"down"*; la otra opción es cuando se hace un movimiento con el dedo, entonces cambiamos el texto por *"move"*:

```
if(e.getAction() == MotionEvent.ACTION_DOWN){ accion="down";}
if(e.getAction() == MotionEvent.ACTION_MOVE){ accion="move";}
```

Agregamos al final *invalidate(),* este nos sirve para indicarle al hilo de la interfaz gráfica que se redibuje lo más pronto posible, finalmente devolvemos el valor de *true*:

```
invalidate();
return true;
```

La pantalla inicial dibuja el rectángulo que le indicamos inicialmente:

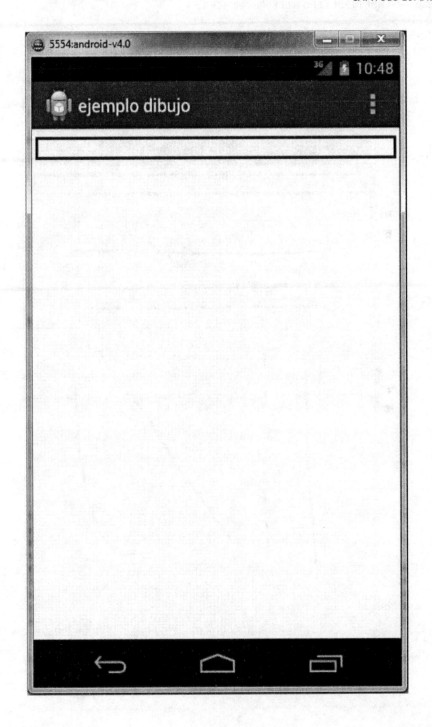

En el momento de presionar sobre la pantalla del móvil se dibuja una línea sobre el trazo que realizamos:

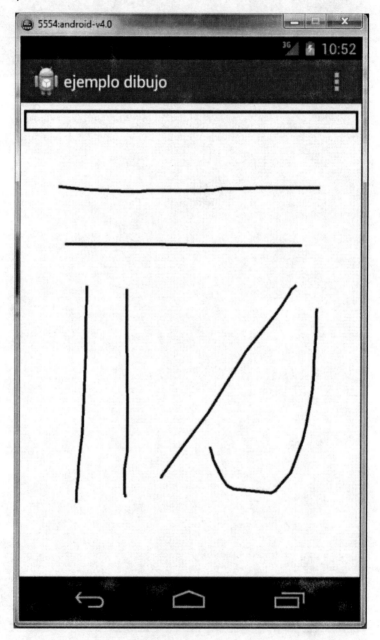

ANIMACIONES

Para crear animaciones tenemos diferentes métodos en Android, en este capítulo aprovecharemos los archivos XML para realizarlas.

Una forma sencilla para hacer animaciones es aprovecharnos de archivos que Android nos proporciona para crearlas y definir los movimientos que deseamos realizar. En este ejercicio vamos a utilizar la imagen por defecto que tenemos en nuestra estructura básica del *"holamundo"* y cuando presionemos un botón hacer un giro de 360 grados con la imagen.

La interfaz gráfica tendrá un *ImageView* que será el elemento al que le aplicaremos la animación y abajo declaramos un botón, estos dos elementos ya los hemos declarado en capítulos anteriores en este libro:

```xml
    <LinearLayout
xmlns:android="http://schemas.android.com/apk/res/android"
        xmlns:tools="http://schemas.android.com/tools"
        android:layout_width="match_parent"
        android:layout_height="match_parent"
        android:orientation="vertical"
        tools:context="com.example.ejemploanimaciones.MainActivity"
>

        <ImageView
        android:id="@+id/iv"
        android:layout_width="wrap_content"
        android:layout_height="wrap_content"
        android:src="@drawable/ic_launcher"
```

```
        android:layout_width="wrap_content"
          android:layout_height="wrap_content"
      android:text="Rotar"
        android:layout_gravity="center_horizontal"
        android:layout_marginTop="20dp"
        />

</LinearLayout>
```

Ahora vamos a crear el archivo *"rotar.xml"*, primero vamos al directorio *"res"* pulsamos botón derecho, seleccionamos *new*, luego *folder* y colocamos el nombre *"anim"*.

Camino: **directorio res(clic derecho) -> New -> Folder -> nombre del directorio anim**

Ahora vamos a crear un archivo con el nombre *rotar.xml* dentro del directorio que acabamos de crear:

Camino: **diretorio anim(clic derecho) -> New -> Android XML File -> seleccionamos rotate y colocamos el nombre rotate.xml.**

Dentro de la etiqueta *rotate* utilizaremos el atributo *FromDegrees* y *toDegress* para indicar los grados de la rotación, de 0 a 360 grados, es decir, un giro completo.

Los atributos *pivotX* y *pivotY* sirven para indicar el punto de pivote para el giro. Al indicarle que es 50% en ambos casos le estamos diciendo que tome como punto de referencia para el giro el centro de la imagen, ya que de su largo en el eje de la "X" le decimos que sea al 50% y lo mismo en el eje de la "Y". En el atributo *duration* le estamos indicando la duración en milisegundos.

Tendremos el siguiente código en el archivo:

```
    <?xml version="1.0" encoding="utf-8"?>
    <rotate
xmlns:android="http://schemas.android.com/apk/res/android"
      android:fromDegrees="0"
      android:toDegrees="360"
```

```
        android:pivotX="50%"
        android:pivotY="50%"
        android:duration="1000"
        >
</rotate>
```

El codigo del *MainActivity.xml* es el siguiente:

```
package com.example.ejemploanimaciones;

import android.app.Activity;
import android.os.Bundle;
import android.view.Menu;
import android.view.MenuItem;
import android.view.View;
import android.view.View.OnClickListener;
import android.view.animation.Animation;
import android.view.animation.AnimationUtils;
import android.widget.Button;
import android.widget.ImageView;


public class MainActivity extends Activity implements
OnClickListener{
        ImageView imagen;
        Button boton;
        @Override
        protected void onCreate(Bundle savedInstanceState) {
            super.onCreate(savedInstanceState);
            setContentView(R.layout.activity_main);
        imagen = (ImageView) findViewById(R.id.iv);
            boton = (Button)findViewById(R.id.bt);

            boton.setOnClickListener(this);
        }


        @Override
        public boolean onCreateOptionsMenu(Menu menu) {
            // Inflate the menu; this adds items to the action bar
if it is present.
            getMenuInflater().inflate(R.menu.main, menu);
            return true;
        }
```

```java
        @Override
        public boolean onOptionsItemSelected(MenuItem item) {
            // Handle action bar item clicks here. The action bar will
            // automatically handle clicks on the Home/Up button, so long
            // as you specify a parent activity in AndroidManifest.xml.
            int id = item.getItemId();
            if (id == R.id.action_settings) {
                return true;
            }
            return super.onOptionsItemSelected(item);
        }


        @Override
        public void onClick(View v) {
            // TODO Auto-generated method stub
            switch (v.getId()) {
            case R.id.bt:
                Animation rotacion;
                rotacion = AnimationUtils.LoadAnimation(this,
R.anim.rotar);
                rotacion.reset();
                imagen.startAnimation(rotacion);

                break;

            default:
                break;
            }
        }
    }
```

Creamos la clase principal y heredamos de la clase *Activity,* además implementamos el *OnClickListener*, declaramos un elemento para la imagen y otro para el botón.

```java
    public class MainActivity extends Activity implements
OnClickListener{
        ImageView imagen;
        Button boton;
```

Enlazamos los elementos *imagen* y *boton* con los que tenemos en el XML y además le habilitamos al botón el *OnClickListener*.

```
imagen = (ImageView) findViewById(R.id.iv);
boton = (Button)findViewById(R.id.bt);

boton.setOnClickListener(this);
```

Declaramos el *onClick* en el que colocamos un *switch* y un caso para el botón. Dentro del caso del botón utilizamos la clase *Animation* para crear un elemento que llamaremos *"rotacion"*. A continuación a este le indicamos que cargue la animación que declaramos en el recurso *rotar.xml* y después aplicamos *.reset():*

```
@Override
    public void onClick(View v) {
        // TODO Auto-generated method stub
        switch (v.getId()) {
        case R.id.bt:
            Animation rotacion;
            rotacion = AnimationUtils.LoadAnimation(this,
R.anim.rotar);
            rotacion.reset();
```

Para aplicar las instrucciones de la animación a un elemento, colocamos el nombre del evento y cargamos la animación:

```
imagen.startAnimation(rotacion);
```

Nuestra aplicación se ve así al inicio:

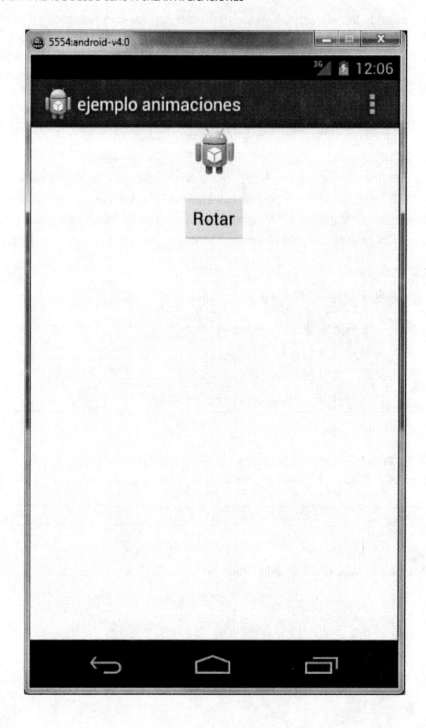

En el momento de hacer clic al botón, la imagen comienza a girar:

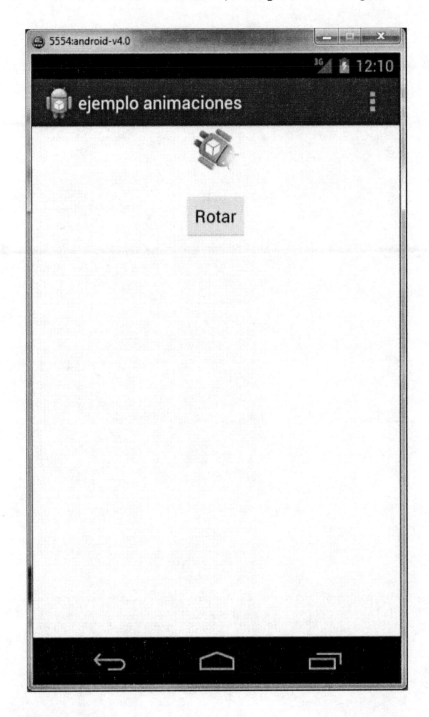

CUADRO DE DIÁLOGOS

En Android tenemos una forma muy común de comunicarnos con el usuario de forma dinámica y rápida, esta forma son los cuadros de diálogos. En ellos podemos colocar pequeños mensajes para el usuario para transmitirle un mensaje, además de colocar texto podemos colocar botones, imágenes y otros elementos, siempre va a depender de las necesidades de la aplicación.

Cuadro de diálogo simple

Vamos a crear primero una interfaz que contenga un botón, este botón cada vez que se le haga clic va a ser el encargado de mostrar el cuadro de diálogo.

Primero creamos un *LinearLayout*, después colocamos dentro un botón del ancho de la pantalla y con una cadena de texto cualquiera, en el caso del ejercicio el texto que colocamos dentro es "Dialog". El XML contiene este código:

```
    <LinearLayout
xmlns:android="http://schemas.android.com/apk/res/android"
    xmlns:tools="http://schemas.android.com/tools"
    android:layout_width="match_parent"
    android:layout_height="match_parent"
    android:orientation="vertical"
    tools:context="com.example.dialog.MainActivity" >

    <Button
        android:layout_width="match_parent"
        android:layout_height="wrap_content"
        android:id="@+id/boton"
```

```
        android:text="@string/boton"
        />

    </LinearLayout>
```

El código completo de la actividad es el siguiente:

```java
package com.example.webviw;

import android.app.Activity;
import android.app.AlertDialog;
import android.app.Dialog;
import android.os.Bundle;
import android.view.Menu;
import android.view.MenuItem;
import android.view.View;
import android.view.View.OnClickListener;
import android.widget.Button;

public class MainActivity extends Activity implements
OnClickListener{
    Button boton;
    @Override
    protected void onCreate(Bundle savedInstanceState) {
        super.onCreate(savedInstanceState);
        setContentView(R.layout.activity_main);
        boton = (Button) findViewById(R.id.boton);
        boton.setOnClickListener(this);
    }


    protected Dialog  onCreateDialog(int id) {
        Dialog dialog = null;
        AlertDialog.Builder builder = new
AlertDialog.Builder(this);
        builder=builder.setIcon(R.drawable.ic_launcher);
        builder=builder.setTitle("Este es el primer dialog");
        dialog = builder.create();

        return dialog;
    }

    @Override
    public void onClick(View v) {
```

```
                showDialog(0);
        }

        @Override
        public boolean onCreateOptionsMenu(Menu menu) {
            // Inflate the menu; this adds items to the action bar
if it is present.
            getMenuInflater().inflate(R.menu.main, menu);
            return true;
        }

        @Override
        public boolean onOptionsItemSelected(MenuItem item) {
            // Handle action bar item clicks here. The action bar
will
            // automatically handle clicks on the Home/Up button,
so long
            // as you specify a parent activity in
AndroidManifest.xml.
            int id = item.getItemId();
            if (id == R.id.action_settings) {
                return true;
            }
            return super.onOptionsItemSelected(item);
        }

    }
```

Creamos la clase de la actividad e implementamos el *OnClickListener:*

```
    public class MainActivity extends Activity implements
OnClickListener{
```

Declaramos un elemento *boton*:

```
    Button boton;
```

Enlazamos el elemento del *XML* al botón que ya declaramos en Java y habilitamos el *OnClickListener*:

```
        boton = (Button) findViewById(R.id.boton);
        boton.setOnClickListener(this);
```

Declaramos el método *onCreateDialog()* en el que vamos a crear el cuadro de diálogo, utilizaremos la clase *Dialog*. Primero creamos un *dialog* pero le colocamos el valor de *null* ya que por ahora no lo utilizaremos:

```
protected Dialog onCreateDialog(int id) {
        Dialog dialog = null;
```

Con la siguiente línea creamos un *builder*, nos pedirá un contexto para crearlo y le colocaremos *this*:

```
AlertDialog.Builder builder = new AlertDialog.Builder(this);
```

Al elemento *builder* que acabamos de crear le podremos configurar y colocar diferentes opciones, en la instrucción *setIcon* le colocamos un icono con la imagen del *ix_launcher* que nos proporciona Android por defecto. Además, le colocamos un título con la instrucción *setTitle* y finalmente en la última línea utilizamos el *dialog* que creamos anteriormente y lo combinamos con el *builder* para crear el cuadro de diálogo. Al final de todo devolvemos el elemento *dialog* que acabamos de crear.

```
builder=builder.setIcon(R.drawable.ic_launcher);
builder=builder.setTitle("Este es el primer dialog");
dialog = builder.create();

return dialog;
```

Para que el cuadro de diálogo se pueda mostrar tenemos que colocar en el *onClick()* la instrucción *showDialog(0)*, ya que esta va a mostrar el cuadro de diálogo hasta que el usuario presione atrás o sea presionada un área que no sea el cuadro de diálogo de la pantalla.

```
@Override
public void onClick(View v) {
    showDialog(0);
}
```

La interfaz se ve de la siguiente manera:

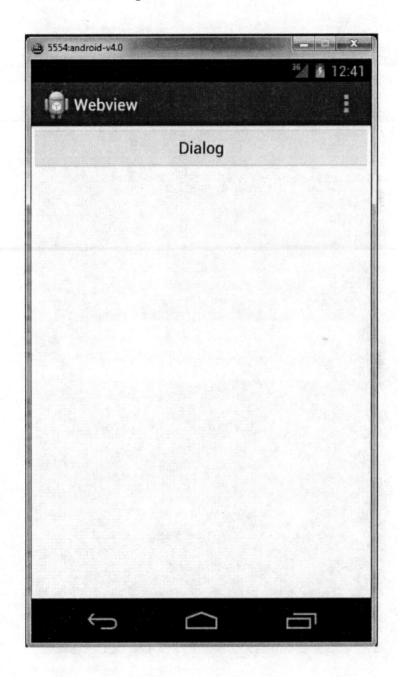

Al presionar el botón "Dialog" debería de aparecer un cuadro de diálogo como el siguiente:

Cuadro de diálogo con botones

Vamos a crear un cuadro de diálogo que cambie el texto de un *TextView* de la actividad principal, el cambio del texto va a depender de cuál de los tres botones que contiene el cuadro de diálogo sea presionado.

El código de la interfaz gráfica es el siguiente:

```xml
<LinearLayout
xmlns:android="http://schemas.android.com/apk/res/android"
    xmlns:tools="http://schemas.android.com/tools"
    android:layout_width="match_parent"
    android:layout_height="match_parent"
   android:orientation="vertical"
    tools:context="com.example.webviw.MainActivity" >

    <TextView
        android:layout_width="match_parent"
        android:layout_height="wrap_content"
        android:id="@+id/texto"
        android:text="texto"
        />
    <Button
        android:layout_width="match_parent"
        android:layout_height="wrap_content"
        android:id="@+id/boton"
        android:text="@string/boton"
        />

</LinearLayout>
```

En el *layout* estamos creando un *LinearLayout* como el de cualquier aplicación, además añadimos un *TextView* que contiene un texto que va a cambiar dependiendo de a qué botón dentro del cuadro diálogo demos clic y finalmente creamos un botón que es el encargado de abrir el cuadro de diálogo.

El código del archivo *.java* que en este ejemplo se llama *MainActivity.java* es el siguiente:

```java
package com.example.webviw;

import android.app.Activity;
import android.app.AlertDialog;
```

```java
import android.app.Dialog;
import android.content.DialogInterface;
import android.os.Bundle;
import android.view.Menu;
import android.view.MenuItem;
import android.view.View;
import android.view.View.OnClickListener;
import android.widget.Button;
import android.widget.TextView;

public class MainActivity extends Activity implements
OnClickListener{
        Button boton;
        TextView texto;
        @Override
        protected void onCreate(Bundle savedInstanceState) {
            super.onCreate(savedInstanceState);
            setContentView(R.layout.activity_main);
            boton = (Button) findViewById(R.id.boton);
            texto = (TextView) findViewById(R.id.texto);
            boton.setOnClickListener(this);
        }

        protected Dialog  onCreateDialog(int id) {
                Dialog dialog = null;
                DListener listener = new DListener();
                AlertDialog.Builder builder = new
AlertDialog.Builder(this);
                builder=builder.setIcon(R.drawable.ic_launcher);
                builder=builder.setTitle("Este es el primer dialog
con botones");
                builder=builder.setMessage("Selecciona un boton");
                builder=builder.setPositiveButton("Afirmativo",
listener);
                builder=builder.setNegativeButton("Negativo",
listener);
                builder=builder.setNeutralButton("Neutral",
listener);
                dialog = builder.create();
        return dialog;
        }

        class DListener implements DialogInterface.OnClickListener{

        @Override
```

```java
            public void onClick(DialogInterface dialog, int which)
{
                // TODO Auto-generated method stub
                if(which == DialogInterface.BUTTON_POSITIVE){
                    texto.setText("Di clic a positivo");
                }
                if(which == DialogInterface.BUTTON_NEGATIVE){
                    texto.setText("Di clic a negativo");
                }
                if(which == DialogInterface.BUTTON_NEUTRAL){
                    texto.setText("Di clic a neutral");
                }
            }
        }

    @Override
    public boolean onCreateOptionsMenu(Menu menu) {
            // Inflate the menu; this adds items to the action bar
if it is present.
            getMenuInflater().inflate(R.menu.main, menu);
            return true;
    }

    @Override
    public boolean onOptionsItemSelected(MenuItem item) {
            // Handle action bar item clicks here. The action bar
will
            // automatically handle clicks on the Home/Up button,
so long
            // as you specify a parent activity in
AndroidManifest.xml.
            int id = item.getItemId();
            if (id == R.id.action_settings) {
                return true;
            }
            return super.onOptionsItemSelected(item);
    }

    @Override
    public void onClick(View v) {
            // TODO Auto-generated method stub
            showDialog(0);
    }

    }
```

Declaramos el *boton* y el *textview* que vamos a utilizar más adelante:

```
Button boton;
TextView texto;
```

Unimos el elemento gráfico al elemento en código para después manipularlo, además habilitamos la opción de hacer clic al botón:

```
boton = (Button) findViewById(R.id.boton);
texto = (TextView) findViewById(R.id.texto);
boton.setOnClickListener(this);
```

Creamos el cuadro de diálogo que vamos a utilizar:

```
protected Dialog  onCreateDialog(int id) {
            Dialog dialog = null;
            DListener listener = new DListener();
            AlertDialog.Builder builder = new
AlertDialog.Builder(this);
            builder=builder.setIcon(R.drawable.ic_launcher);
            builder=builder.setTitle("Este es el primer dialog
con botones");
            builder=builder.setMessage("Selecciona un boton");
            builder=builder.setPositiveButton("Afirmativo",
listener);
            builder=builder.setNegativeButton("Negativo",
listener);
            builder=builder.setNeutralButton("Neutral",
listener);
            dialog = builder.create();
      return dialog;
      }
```

Creamos un elemento *dialog* y lo colocamos en *null*.

```
Dialog dialog = null;
```

Creamos un *Listener* para estar pendientes de qué botón dentro del cuadro *dialog* es presionado:

```
DListener listener = new DListener();
```

Creamos un *Builder* que es el elemento que nos permite más adelante crear el *dialog* cuando se lo asignemos a este mismo.

```
AlertDialog.Builder builder = new AlertDialog.Builder(this);
```

Le asignamos un icono con *.setIcon* y un título con *.setTitle*:

```
builder=builder.setIcon(R.drawable.ic_Launcher);
builder=builder.setTitle("Este es el primer dialog con
botones");
```

Agregamos un mensaje en el cuadro de diálogo que queremos vea el usuario, puede ser cualquier texto que deseemos colocar, solo tenemos que usar el método *.setMessage* y colocarlo entre comillas dobles:

```
builder=builder.setMessage("Selecciona un boton");
```

Agregamos un texto a cada uno de los botones que vamos a tener en el cuadro *dialog*, por defecto podemos manejar una respuesta positiva, negativa y neutral:

```
builder=builder.setPositiveButton("Afirmativo", listener);
builder=builder.setNegativeButton("Negativo", listener);
builder=builder.setNeutralButton("Neutral", listener);
```

Finalmente utilizamos el *dialog*, al que le habíamos colocado el valor de *null*, ahora le colocamos el *builder.create()* y devolvemos el *dialog* que creamos:

```
dialog = builder.create();
return dialog;
```

Ahora tenemos el *Listener* que necesitamos para saber qué botón fue presionado dentro del cuadro de diálogo:

```
class DListener implements DialogInterface.OnClickListener{

        @Override
        public void onClick(DialogInterface dialog, int which)
{

        // TODO Auto-generated method stub
        if(which == DialogInterface.BUTTON_POSITIVE){
            texto.setText("Di clic a positivo");
```

```
        }
        if(which == DialogInterface.BUTTON_NEGATIVE){
            texto.setText("Di clic a negativo");
        }
        if(which == DialogInterface.BUTTON_NEUTRAL){
            texto.setText("Di clic a neutral");
        }
    }
}
```

Creamos una clase, le ponemos por nombre *DListener*, el nombre puede variar, solo usamos ese por convención, después implementamos el *DialogInterface.OnClickListener* para poder colocar código dentro del *onClick* más adelante:

```
class DListener implements DialogInterface.OnClickListener{
```

Dentro del *onClick* colocamos el *if* correspondiente para cada botón y poder detectar cada uno de los casos que tenemos (positivo, negativo y neutral):

```
if(which == DialogInterface.BUTTON_POSITIVE){
        texto.setText("Di clic a positivo");
}
if(which == DialogInterface.BUTTON_NEGATIVE){
        texto.setText("Di clic a negativo");
}
if(which == DialogInterface.BUTTON_NEUTRAL){
        texto.setText("Di clic a neutral");
}
```

No olvidemos colocar el *showDialog* en el *onClick* del botón del *layout* principal para poder mostrar el cuadro de diálogo, en caso de olvidarlo el cuadro no se va a mostrar.

```
@Override
public void onClick(View v) {
    // TODO Auto-generated method stub
    showDialog(0);
}
```

La interfaz gráfica se debe ver como la siguiente:

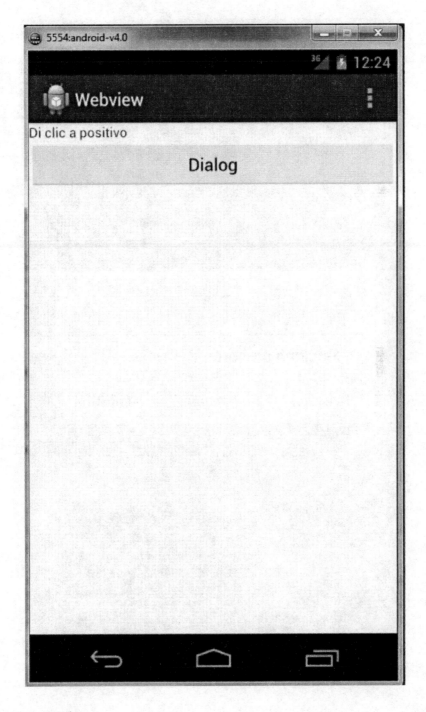

Al presionar el boton "Dialog" se abrirá el cuadro de diálogo:

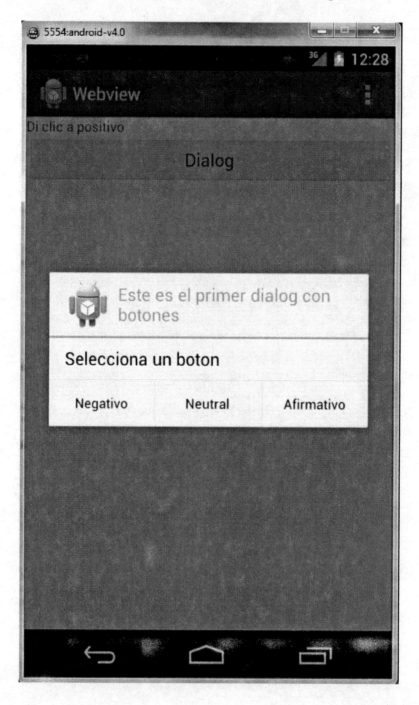

Si hacemos clic en la opción "negativo", el texto del *textview* de la ventana principal se mostrará como la siguiente imagen:

SONIDOS

En Android tenemos distintas formas de reproducir sonidos dentro de una aplicación, veamos las dos más recurrentes, aunque cada una tiene sus características y debemos conocerlas.

Tenemos 2 *API's* principales que nos permiten manejar los sonidos: *Soundpool* y *Mediaplayer*.

Soundpool se utiliza para sonidos cortos y menos de 1 MB, además puede ejecutar varios a la vez.

Mediaplayer es para sonidos largos y también podemos usarla para vídeos, películas, etc.

SoundPool

Comenzaremos con *Soundpool*, para este ejemplo vamos a crear una interfaz gráfica solamente con un *TextView* y al interactuar con él con *OnTouch* vamos a reproducir el sonido.

El código de la interfaz gráfica es el siguiente:

```
    <LinearLayout
xmlns:android="http://schemas.android.com/apk/res/android"
     xmlns:tools="http://schemas.android.com/tools"
     android:layout_width="match_parent"
     android:layout_height="match_parent"
```

```
        tools:context=".MainActivity"
        android:orientation="vertical"

    >

    <TextView
        android:id="@+id/tv"
        android:layout_width="match_parent"
        android:layout_height="wrap_content"
        android:text="Click AQUI para reproducir sonido" />



</LinearLayout>
```

El *LinearLayout* es como el de cualquier ejemplo de este libro y el *TextView* tiene un ID que es *tv*, lo demás son propiedades que ya conocemos.

El código del archivo *MainActivity.java* es el siguiente:

```
package com.example.sonidos;

import android.app.Activity;
import android.media.AudioManager;
import android.media.SoundPool;
import android.media.SoundPool.OnLoadCompleteListener;
import android.os.Bundle;
import android.util.Log;
import android.view.Menu;
import android.view.MenuItem;
import android.view.MotionEvent;
import android.view.View;
import android.view.View.OnTouchListener;


public class MainActivity extends Activity implements
OnTouchListener{
    private SoundPool soundPool;
    private int soundID;
    boolean loaded = false;
    @Override
    protected void onCreate(Bundle savedInstanceState) {
        super.onCreate(savedInstanceState);
        setContentView(R.layout.activity_main);
```

```java
                View view = findViewById(R.id.tv);
                view.setOnTouchListener(this);
                this.setVolumeControlStream(AudioManager.STREAM_MUSIC);

                soundPool = new
SoundPool(10,AudioManager.STREAM_MUSIC,0);
                soundPool.setOnLoadCompleteListener(new
OnLoadCompleteListener() {

                    @Override
                    public void onLoadComplete(SoundPool soundPool, int
sampleId, int status) {
                        // TODO Auto-generated method stub
                        loaded = true;
                    }
                });
                soundID = soundPool.load(this,R.raw.choose,1);
        }


        @Override
        public boolean onCreateOptionsMenu(Menu menu) {
            // Inflate the menu; this adds items to the action bar
if it is present.
            getMenuInflater().inflate(R.menu.main, menu);
            return true;
        }

        @Override
        public boolean onOptionsItemSelected(MenuItem item) {
            // Handle action bar item clicks here. The action bar
will
            // automatically handle clicks on the Home/Up button,
so long
            // as you specify a parent activity in
AndroidManifest.xml.
            int id = item.getItemId();
            if (id == R.id.action_settings) {
                return true;
            }
            return super.onOptionsItemSelected(item);
        }



        public boolean onTouch(View v, MotionEvent event) {
```

```
                    // TODO Auto-generated method stub
                    if (event.getAction() == MotionEvent.ACTION_DOWN){
                        AudioManager audioManager = (AudioManager)
getSystemService(AUDIO_SERVICE);
                        float actualVolume = (float)
audioManager.getStreamVolume(AudioManager.STREAM_MUSIC);
                        float maxVolume = (float)
audioManager.getStreamMaxVolume(AudioManager.STREAM_MUSIC);
                        float volume = actualVolume / maxVolume;

                        if (loaded){
                            soundPool.play(soundID, volume, volume, 1, 0,
1f);

                            Log.e("Test","Played sound");

                        }

                    }
                return false;
            }
    }
```

Declaramos el *MainActivity*, hacemos la herencia correspondiente de *Activity* e implementamos el *OnTouchListener*, en este ejemplo no usaremos el *OnClickListener*.

Después declaramos 3 elementos que vamos a usar más adelante, *soundPool*, *soundID* y *loaded*:

```
    public class MainActivity extends Activity implements
OnTouchListener{
        private SoundPool soundPool;
        private int soundID;
        boolean loaded = false;
```

Para el funcionamiento correcto del *TextView* en combinación con el *onTouch*, debemos tratar el *TextView* como una vista y para eso en el momento de asignar el elemento gráfico que lleva por *ID* "**tv**", lo hacemos pero a un *View* no a un *TextView* como lo venimos haciendo a lo largo del libro:

```
    View view = findViewById(R.id.tv);
```

Finalmente le habilitamos el *OnTouchListener* a la vista que creamos:

```
view.setOnTouchListener(this);
```

Después le sugerimos un volumen con la instrucción *setVolumeControlStream*, utilizamos una clase que nos proporciona Android que se llama *AndroidManager* y que accede al volumen que tenemos en el dispositivo.

```
this.setVolumeControlStream(AudioManager.STREAM_MUSIC);
```

Comenzamos a utilizar el *soundPool* que declaramos al inicio de la aplicación, para crearlo tenemos que colocar 3 parámetros. El 10 es el número máximo de *streams* simultáneos que se permiten, después colocamos el *STREAM_MUSIC* que se coloca siempre que estamos queriendo reproducir música, finalmente colocamos 0 que es la frecuencia de muestreo, casi siempre se coloca en 0 por defecto. Al finalizar la carga cambiamos el valor de la variable *loaded* a *true* y con esto sabemos que finalizamos la carga del audio.

```
        soundPool = new
SoundPool(10,AudioManager.STREAM_MUSIC,0);
        soundPool.setOnLoadCompleteListener(new
OnLoadCompleteListener() {

            @Override
            public void onLoadComplete(SoundPool soundPool, int
sampleId, int status) {
                // TODO Auto-generated method stub
                loaded = true;
            }
        });
```

Antes de terminar esta parte del código tenemos que utilizar el *soundID* que declaramos al inicio y cargarle el sonido que queremos reproducir, el archivo se llama **"audio"**.

```
soundID = soundPool.load(this,R.raw.choose,1);
    }
```

Archivos de audio

En los archivos de audio para Android se recomienda utilizar el formato *".ogg"* ya que es un formato ligero y es compatible con Android. También se puede usar el *".mp3"* y otros formatos, pero por recomendación de la documentación oficial deberíamos utilizar el primero.

Los archivos de audio que vamos a utilizar se deben colocar en un directorio que lleva por nombre "raw" y debe estar dentro del directorio "res". Entonces tendríamos una estructura como la siguiente:

Directorio "res" -> raw -> audio.ogg

Método onTouch()

El método *onTouch()* sirve cuando queremos alguna reacción a determinada interacción del usuario con la pantalla. En muchos casos se hace la comparación con *onClick* y veamos las diferencias.

Comencemos diciendo que no existe mejor o peor, depende de lo que necesitemos se utiliza una opción o la otra.

El *onClick* se utiliza cuando buscamos solamente detectar el clic.

El *onTouch* se usa cuando buscamos detectar eventos en movimiento, por ejemplo pulsar, liberar, movimiento arriba, movimiento abajo y otros. Podemos decir que el *onTouch* nos sirve para conocer de forma más exacta el movimiento que se realiza y cómo reacciona a este.

En el caso de nuestro código lo usamos para saber cuándo está sucediendo un movimiento que es **"hacia abajo"** muy parecido al *onClick:*

```
public boolean onTouch(View v, MotionEvent event) {
        // TODO Auto-generated method stub
        if (event.getAction() == MotionEvent.ACTION_DOWN){
```

Cuando ya detectamos el movimiento utilizamos el *AudioManager* para acceder a la configuración del sonido, después utilizamos *actualVolume* y *maxVolume* para calcular finalmente el volumen que podemos colocar y lo colocamos en una variable *volume*:

```
    float actualVolume = (float)
audioManager.getStreamVolume(AudioManager.STREAM_MUSIC);

    float maxVolume = (float)
audioManager.getStreamMaxVolume(AudioManager.STREAM_MUSIC);


    float volume = actualVolume / maxVolume;
```

Ahora que ya tenemos el volumen almacenado en una variable realizamos una condición que verifica el valor de la variable *loaded,* en caso de que se cumpla la condición continuamos con la ejecución del audio.

En el evento *onTouch* al finalizar tenemos que devolver el valor *false* y esperar la detección de otro movimiento.

```
        if (loaded){
                soundPool.play(soundID, volume, volume, 1, 0,
1f);
                Log.e("Test","Played sound");

            }

        }
        return false;
```

Mediaplayer

Para el ejercicio del media player vamos a crear 2 botones, uno para iniciar la reproducción del audio y otro para detenerlo.

La interfaz tiene el siguiente código:

```
    <LinearLayout
xmlns:android="http://schemas.android.com/apk/res/android"
        xmlns:tools="http://schemas.android.com/tools"
        android:layout_width="match_parent"
        android:layout_height="match_parent"
```

```
        tools:context=".MainActivity"
        android:orientation="vertical"


    >

    <Button
        android:id="@+id/boton1"
        android:layout_width="match_parent"
        android:layout_height="wrap_content"
        android:text="iniciar"
        />
    <Button
        android:id="@+id/boton2"
        android:layout_width="match_parent"
        android:layout_height="wrap_content"
        android:text="parar"
        />


</LinearLayout>
```

El archivo *MainActivity.java* contiene el siguiente código:

```
package com.example.sonidos;

import android.app.Activity;
import android.media.MediaPlayer;
import android.os.Bundle;
import android.view.Menu;
import android.view.MenuItem;
import android.view.View;
import android.view.View.OnClickListener;
import android.widget.Button;

public class MainActivity extends Activity implements
OnClickListener{
    Button boton1,boton2;
    public MediaPlayer mp;

    @Override
    protected void onCreate(Bundle savedInstanceState) {
        super.onCreate(savedInstanceState);
        setContentView(R.layout.activity_main);

        boton1 = (Button) findViewById(R.id.boton1);
```

```java
            boton2 = (Button) findViewById(R.id.boton2);
            boton1.setOnClickListener(this);
            boton2.setOnClickListener(this);
        }

        @Override
        public boolean onCreateOptionsMenu(Menu menu) {
            // Inflate the menu; this adds items to the action bar
if it is present.
            getMenuInflater().inflate(R.menu.main, menu);
            return true;
        }

        @Override
        public boolean onOptionsItemSelected(MenuItem item) {
            // Handle action bar item clicks here. The action bar
will
            // automatically handle clicks on the Home/Up button,
so long
            // as you specify a parent activity in
AndroidManifest.xml.
            int id = item.getItemId();
            if (id == R.id.action_settings) {
                return true;
            }
            return super.onOptionsItemSelected(item);
        }
        @Override
        public void onClick(View v) {
            switch (v.getId()) {
            case R.id.boton1:
                    play_mp();
                break;
            case R.id.boton2:
                    stop_mp();
                break;
            default:
                break;
                    }

        }
        private void play_mp(){
        mp = MediaPlayer.create(this,R.raw.choose);
        mp.start();
        }
```

```
        private void stop_mp(){
        mp.stop();
        }// TODO Auto-generated method stub


}
```

Creamos el *MainActivity* e implementamos el *OnClickListener*, además declaramos 3 elementos, *boton1*, *boton2* y *MediaPlayer* que utilizaremos más adelante:

```
    public class MainActivity extends Activity implements
OnClickListener{
        Button boton1,boton2;
        public MediaPlayer mp;
```

Asignamos los botones correspondientes a los elementos botones que acabamos de crear y habilitamos el *onClick* para ellos.

```
boton1 = (Button) findViewById(R.id.boton1);
boton2 = (Button) findViewById(R.id.boton2);
boton1.setOnClickListener(this);
boton2.setOnClickListener(this);
```

Agregamos los dos casos para los botones que tenemos, *boton1* y *boton2*. En el *boton1* mandaremos a llamar *play_mp* y en *boton2* llamaremos a *stop_mp* ambos métodos serán *void* y los declararemos más adelante:

```
public void onClick(View v) {
    switch (v.getId()) {
    case R.id.boton1:
        play_mp();
    break;
    case R.id.boton2:
        stop_mp();
    break;
    default:
    break;
        }


}
```

El código que colocamos dentro de *play_pm()* es la forma de iniciar la reproducción de un archivo de audio:

```
private void play_mp(){
mp = MediaPlayer.create(this,R.raw.choose);
mp.start();
}
```

En *stop_mp()* solo utilizamos el método *.stop()* para detener la reproducción si es que se está ejecutando:

```
private void stop_mp(){
    mp.stop();
    }// TODO Auto-generated method stub
```

Con esto podemos reproducir un archivo de audio de forma sencilla con *mediaplayer*.

FRAGMENTOS

Cuando Android se comenzó a utilizar en tablets se dieron cuenta de un detalle: el espacio de la pantalla era bastante más amplio y las actividades creadas para los móviles daban la sensación de desperdicio de espacio. Hasta ese momento no existía una solución para ese problema.

La versión que se lanzó para mejorar la experiencia de usuario de las tablets con Android, es la versión Android *HoneyComb* 3.0 que es la *API* 11.

En la versión 3.0 se agregó un concepto nuevo que es el "fragmento" o *fragment* en inglés. El fragmento lo podemos definir como una porción de la interfaz que tiene sus propios comportamientos, además de que tiene su ciclo de vida. La idea es tener 2 o más fragmentos conviviendo en la misma pantalla y que interactúen entre ellos, en el caso de que se necesite otro fragmento que no se está mostrando, deberíamos hecer desaparecer uno de los que tenemos y mandar a llamar a otro para mostrarlo al usuario. Esto permite una gran flexibilidad en el diseño y usabilidad para el usuario.

Si queremos crear fragmentos y que estos funcionen en versiones anteriores a la *API* 11, tendremos que utilizar la librería de soporte, pero como en la actualidad el uso de *API's* menores era pequeño, lo recomendable es desarrollar para la versión 4. Esto lo podemos sustentar con la documentación oficial de Android. Así que ya no tendremos que preocuparnos por la compatibilidad con versiones anteriores.

En realidad crear un fragmento no debe causar problemas si hemos podido llegar a este capítulo y realizar los ejemplos. Pero uno de los problemas más interesantes durante la implementación de fragmentos es la comunicación entre ellos. Ese es el problema que vamos a abordar en este capítulo.

Vamos a crear una actividad con dos fragmentos y estos fragmentos se van a comunicar entre ellos de forma correcta, ya que los fragmentos se pueden comunicar de varias formas, pero no todas son correctas.

Tendremos una interfaz principal con un *LinearLayout* común y dentro de esta utilizamos dos elementos del tipo *"fragment"*, uno que llamaremos izquierda y otro derecha, vamos a colocarle un peso total al contenedor principal para dividir después el peso entre los fragmentos y que estos ocupen el 50% de la pantalla cada uno. Al final en el atributo *"class"* de cada uno de los fragmentos tendremos que apuntar al archivo en el que se encuentra su código *.java* o a la clase que los define en código.

Tenemos nuestro archivo de la interfaz principal, el *activity_main.xml*:

```xml
<LinearLayout
xmlns:android="http://schemas.android.com/apk/res/android"
        xmlns:tools="http://schemas.android.com/tools"
        android:layout_width="match_parent"
        android:layout_height="match_parent"
        android:orientation="horizontal"
        android:weightSum="1"
        tools:context="com.example.ejemplofragmentos.MainActivity"
>

    <fragment
        android:id="@+id/izquierda"
        android:layout_width="0dp"
        android:layout_weight=".5"
        android:layout_height="match_parent"
        class="com.example.ejemplofragmentos.Izquierda"
        />
    <fragment
        android:id="@+id/derecha"
        android:layout_width="0dp"
        android:layout_weight=".5"
        android:layout_height="match_parent"
```

```
        class="com.example.ejemplofragmentos.Derecha"
        />
</LinearLayout>
```

Creando la interfaz gráfica de los fragmentos

Para crear el fragmento primero vamos a crear la interfaz y después el código, algo muy parecido a lo que ya hicimos anteriormente con las actividades.

Creamos un archivo XML dentro del directorio *layout* que será la interfaz gráfica, para eso hacemos clic derecho en el directorio *layout* y después *New* y finalmente *Android XML File*.

Camino: **Clic derecho directorio layout -> New -> Android XML File (nombre derecha.xml)**

Lo llamamos *derecha.xml* y solo le colocamos un *LinearLayout* con orientación vertical, dentro le colocamos un elemento *TextView* al que le ponemos un texto *"Hola a Todos"*, el código queda de la siguiente forma:

```
<?xml version="1.0" encoding="utf-8"?>
<LinearLayout
xmlns:android="http://schemas.android.com/apk/res/android"
        android:layout_width="match_parent"
        android:layout_height="match_parent"
        android:orientation="vertical" >

<TextView
        android:id="@+id/txt"
        android:layout_width="match_parent"
        android:layout_height="wrap_content"
        android:text="Hola a todos!!!"
        />
</LinearLayout>
```

Repetimos el mismo procedimiento que utilizamos para crear el archivo *derecha.xml* pero ahora lo llamaremos *izquierda.xml*, este último será el fragmento de la parte izquierda de la pantalla. Este fragmento contendrá un EditText que es en el que vamos a colocar texto y además tendrá un botón, el cual se encargará de tomar el texto escrito en el *EditText* y enviarlo al segundo fragmento que tendría que recibirlo y colocarlo en el *TextView*, así realizaremos la comunicación entre estos dos fragmentos.

La interfaz de izquierda.xml quedaría de la siguiente forma:

```xml
<?xml version="1.0" encoding="utf-8"?>
<LinearLayout
xmlns:android="http://schemas.android.com/apk/res/android"
    android:layout_width="match_parent"
    android:layout_height="match_parent"
    android:orientation="vertical" >


    <EditText
        android:id="@+id/campotxt"
        android:layout_width="match_parent"
        android:layout_height="wrap_content"
        android:text="@string/hello_world"
        />

    <Button
        android:id="@+id/boton"
        android:layout_width="wrap_content"
        android:layout_height="wrap_content"
        android:text="@string/boton"
        />

</LinearLayout>
```

Creando la interfaz de comunicación

Para comunicar los fragmentos de la manera correcta tendremos que crear una interfaz, este término no se debe confundir con el término interfaz gráfica. La interfaz en Java significa una colección de métodos abstractos y propiedades, esto quiere decir que se especifican pero no se implementan, el término de implementación lo podemos explicar más claro si decimos: "se declaran pero no se escribe código de lo que tiene que hacer". Esto se hace porque más adelante tendremos la opción de colocarles código y decirles que funcionen de "X" manera para "Y" caso.

Para crear la interfaz vamos a ir al directorio *src* y pulsar botón derecho, después vamos a seleccionar *New* y luego *Interface*, es lo mismo que hacemos cuando creamos una clase, pero en este caso lo que creamos es una interfaz y le colocamos el nombre de *EnviarMensaje.java*.

Camino: **Clic derecho directorio src -> New -> Interface(nombre EnviarMensaje.java)**

Después solamente declaramos un método *enviarDatos (String mensaje)*, es decir que recibirá una cadena que lleva de nombre *mensaje*. El código es el siguiente:

```
package com.example.ejemplofragmentos;

public interface EnviarMensaje {
    public void enviarDatos(String mensaje);
}
```

Creando código de los fragmentos

Ahora vamos a crear la lógica de los fragmentos, para eso vamos al directorio *src* y hacemos clic derecho, seleccionamos *New* y después *Class*.

Camino: **Clic derecho directorio src -> New -> Class(nombre Derecha)**

Este es el código del archivo *Derecha.java*:

```
package com.example.ejemplofragmentos;

import android.app.Fragment;
import android.os.Bundle;
import android.view.LayoutInflater;
import android.view.View;
import android.view.ViewGroup;
import android.widget.TextView;

public class Derecha extends Fragment{
    View rootView;
    TextView txt;
```

```
        public View onCreateView(LayoutInflater inflater, ViewGroup
container, Bundle savedInstanceState){

        rootView = inflater.inflate(R.layout.derecha,
container,false);
        txt = (TextView)rootView.findViewById(R.id.txt);
        return rootView;
        }

        public void ObtenerDatos(String mensaje){
            txt.setText(mensaje);
        }

    }
```

Declaramos la clase derecha y la hacemos herencia de la clase *Fragment*, declaramos 2 elementos que vamos a usar que son un *TextView* y *View*. La vista nos va a servir para indicar la interfaz gráfica del fragmento, esta es una forma de colocarle una "cara" al fragmento:

```
public class Derecha extends Fragment{
    View rootView;
    TextView txt;
```

Indicaremos de dónde obtendremos la lista, que en el caso del fragmento *derecha* es *derecha.xml*. Además, enlazamos el *TextView* que declaramos anteriormente al elemento *TextView* del XML y finalmente devolvemos la vista que vamos a utilizar en la sentencia *return*:

```
        public View onCreateView(LayoutInflater inflater, ViewGroup
container, Bundle savedInstanceState){

        rootView = inflater.inflate(R.layout.derecha,
container,false);
        txt = (TextView)rootView.findViewById(R.id.txt);
        return rootView;
        }
```

Comentamos anteriormente que el fragmento de la derecha tendrá un *TextView* y ese colocará un dato que recibiremos desde el fragmento *izquierda*, para esto creamos un método que llamaremos *ObtenerDato* y este se encargará de recibir una cadena de texto que se llama *"mensaje"* y colocarle al *TextView* este texto, el código es el siguiente:

```
public void ObtenerDatos(String mensaje){
        txt.setText(mensaje);
    }
```

Creamos la clase que contiene el código del fragmento de la izquierda:

```
package com.example.ejemplofragmentos;

import android.app.Activity;
import android.app.Fragment;
import android.os.Bundle;
import android.view.LayoutInflater;
import android.view.View;
import android.view.View.OnClickListener;
import android.view.ViewGroup;
import android.widget.Button;
import android.widget.EditText;

public class Izquierda extends Fragment{
    View rootView;
    Button boton;
    EditText campo;
    EnviarMensaje EM;

    public View onCreateView(LayoutInflater inflater, ViewGroup
container, Bundle savedInstanceState){

        rootView = inflater.inflate(R.layout.izquierda,
container,false);
        campo = (EditText)
rootView.findViewById(R.id.campotxt);
        boton = (Button) rootView.findViewById(R.id.boton);
        boton.setOnClickListener(new OnClickListener() {

            @Override
            public void onClick(View v) {
```

```
                    // TODO Auto-generated method stub
                    String mensaje;
                    mensaje = campo.getText().toString();
                    EM.enviarDatos(mensaje);
                }
            });
            return rootView;
        }
        public void onAttach(Activity activity){
            super.onAttach(activity);
            try {
                EM = (EnviarMensaje) activity;
            } catch (ClassCastException e) {
                // TODO: handle exception
                throw new ClassCastException("Necesitas implementar
un msg");
            }
        }
    }
```

Para crear el archivo hacemos lo mismo que ya hicimos para *Derecha.java*. Declaramos la clase *Izquierda* y la hacemos herencia de *Fragment*. Declaramos los elementos *rootView*, *boton*, *EditText* y *EnviarMensaje*, este último es la interfaz que declaramos anteriormente:

```
public class Izquierda extends Fragment{
    View rootView;
    Button boton;
    EditText campo;
    EnviarMensaje EM;
```

Ahora le indicamos que la interfaz es *R.layou.izquierda* y enlazamos los elementos del XML con los del *.java*, el *EditText* y el botón:

```
rootView = inflater.inflate(R.layout.izquierda,
container,false);
        campo = (EditText)
rootView.findViewById(R.id.campotxt);
        boton = (Button) rootView.findViewById(R.id.boton);
```

Cuando se presiona el botón le vamos a indicar que tome el texto del *EditText* y que lo coloque en una cadena de texto que se llama *"mensaje"*, este mismo se lo pasamos al elemento que declaramos de la interfaz que se llama *EM* y le pasamos este *"mensaje"* como parámetro. Antes de finalizar el *onCreateView* devolvemos la vista:

```java
boton.setOnClickListener(new OnClickListener() {

        @Override
        public void onClick(View v) {
            // TODO Auto-generated method stub
            String mensaje;
            mensaje = campo.getText().toString();
            EM.enviarDatos(mensaje);
        }
});
        return rootView;
```

Aprovecharemos el método *onAttach* para definir la parte en donde realizaremos la comunicación utilizando también la clase *Activity* y el *EM*. Tendremos que agregar una *Exception* que nos solicitará Java para realizar este tipo de instrucciones, podemos colocarle cualquier mensaje para que nos avise que en caso de lograrlo es probablemente porque no tenemos implementada la forma de enviar un mensaje, el código queda así:

```java
public void onAttach(Activity activity){
        super.onAttach(activity);
        try {
            EM = (EnviarMensaje) activity;
        } catch (ClassCastException e) {
            // TODO: handle exception
            throw new ClassCastException("Necesitas implementar
un msg");
        }
    }
```

Finalmente vamos a nuestra actividad principal que tiene el siguiente código:

```java
    public class MainActivity extends Activity implements
EnviarMensaje{

        @Override
        protected void onCreate(Bundle savedInstanceState) {
            super.onCreate(savedInstanceState);
            setContentView(R.layout.activity_main);
        }


        @Override
        public boolean onCreateOptionsMenu(Menu menu) {
            // Inflate the menu; this adds items to the action bar
if it is present.
            getMenuInflater().inflate(R.menu.main, menu);
            return true;
        }

        @Override
        public boolean onOptionsItemSelected(MenuItem item) {
            // Handle action bar item clicks here. The action bar
will
            // automatically handle clicks on the Home/Up button,
so long
            // as you specify a parent activity in
AndroidManifest.xml.
            int id = item.getItemId();
            if (id == R.id.action_settings) {
                return true;
            }
            return super.onOptionsItemSelected(item);
        }


        @Override
        public void enviarDatos(String mensaje) {
            // TODO Auto-generated method stub
            Derecha derecha = (Derecha)
getFragmentManager().findFragmentById(R.id.derecha);
            derecha.ObtenerDatos(mensaje);
        }
    }
```

Declaramos la *MainActivity*, hacemos la herencia de *Activity* e implementamos *EnviarMensaje*, al implementarlo nos sucederá algo parecido al *OnClickListener*:

```
public class MainActivity extends Activity implements
EnviarMensaje{
```

Nos comentará Eclipse que tenemos métodos sin implementar, le decimos que los implemente. Se va a crear el método *enviarDatos* que está esperando una cadena *"mensaje":*

```
public void enviarDatos(String mensaje) {
```

Dentro de este método declaramos un elemento *Derecha* y utilizamos el *getFragmentManager* para traerlo y utilizarlo:

```
Derecha derecha = (Derecha)
getFragmentManager().findFragmentById(R.id.derecha);
```

Finalmente para pasarle el dato al fragmento *derecha*, utilizamos de "derecha" que acabamos de crear el método *ObtenerDatos()* y le pasamos el mensaje como parámetro.

```
derecha.ObtenerDatos(mensaje);
```

Registrar los fragmentos en el manifest

Como las actividades que creamos anteriormente, los fragmentos tambien se deben registrar en el archivo *manifest* de nuestra aplicación para poder funcionar, en nuestro ejemplo nuestro *manifest* debe tener el siguiente código:

```
<?xml version="1.0" encoding="utf-8"?>
<manifest
xmlns:android="http://schemas.android.com/apk/res/android"
    package="com.example.ejemplofragmentos"
    android:versionCode="1"
    android:versionName="1.0" >

    <uses-sdk
```

```xml
                    android:minSdkVersion="14"
                    android:targetSdkVersion="14" />

        <application
                    android:allowBackup="true"
                    android:icon="@drawable/ic_launcher"
                    android:label="@string/app_name"
                    android:theme="@style/AppTheme" >
                    <activity
                        android:name=".MainActivity"
                        android:label="@string/app_name" >
                        <intent-filter>
                            <action
android:name="android.intent.action.MAIN" />

                            <category
android:name="android.intent.category.LAUNCHER" />
                        </intent-filter>
                    </activity>
                    <activity

android:name="com.example.ejemplofragmentos.Izquierda"
                        android:label="@string/app_name" >
                        <intent-filter>
                            <action
android:name="android.intent.action.IZQUIERDA" />

                            <category
android:name="android.intent.category.DEFAULT" />
                        </intent-filter>
                    </activity>
                    <activity

android:name="com.example.ejemplofragmentos.Derecha"
                        android:label="@string/app_name" >
                        <intent-filter>
                            <action
android:name="android.intent.action.DERECHA" />

                            <category
android:name="android.intent.category.DEFAULT" />
                        </intent-filter>
                    </activity>
        </application>

    </manifest>
```

Esta es la ventana principal de nuestro ejemplo:

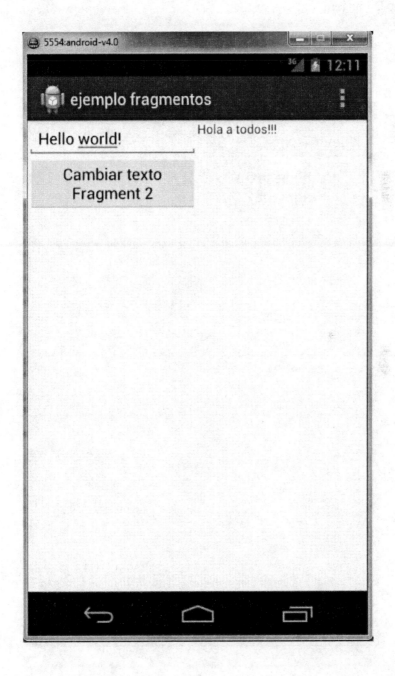

Cambiamos el texto, pulsamos el botón y el texto del fragmento derecha cambia como la imagen:

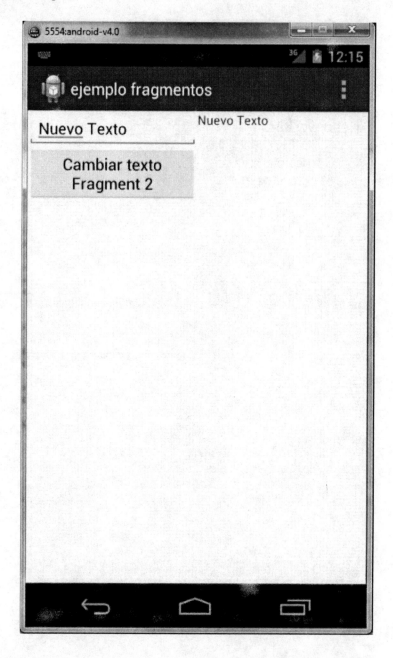

SHAREDPREFERENCES

21

Existe una forma de almacenar datos en Android y que estos permanezcan guardados aunque el móvil esté apagado. Esto nos sirve para no tener que utilizar bases de datos o alguna otra forma más compleja, aunque si necesitamos realizar algunas consultas complejas o la cantidad de datos es alta, deberíamos de recurrir a una base de datos o archivos con formato XML o *Json*.

Esta forma se llama *SharedPreferences*, es una clase que tiene métodos, funciones y otras características que nos van a permitir escribir y leer en un archivo de configuración, así podremos guardar datos y utilizarlos posteriormente.

El ejemplo que vamos a realizar consiste en que vamos a tener un *EditText* y un botón en nuestra actividad, cuando hacemos clic en el botón este guardará el texto que se tenga en el *EditText*. Podemos cerrar la aplicación o apagar el móvil y al momento de encenderlo y abrir la aplicación este mostrará en el *EditText* el último texto que colocamos. Así aprenderemos a guardar y leer datos.

La vista de la actividad contiene un *LinearLayout* y dentro de este tendremos el *EditText* y un *Button*. Estos últimos dos elementos son como la mayoría de los que hemos usado en los capítulos anteriores de este libro.

El código es el siguiente:

```
<LinearLayout
xmlns:android="http://schemas.android.com/apk/res/android"
```

```xml
    xmlns:tools="http://schemas.android.com/tools"
    android:layout_width="match_parent"
    android:layout_height="match_parent"
    android:orientation="vertical"
    tools:context="com.example.ejemploshared.MainActivity" >

    <EditText
        android:id="@+id/texto"
        android:layout_width="match_parent"
        android:layout_height="wrap_content"
        android:text="@string/hello_world" />
    <Button
        android:id="@+id/boton"
        android:layout_width="match_parent"
        android:layout_height="wrap_content"
        android:text="@string/boton" />

</LinearLayout>
```

Tendremos un *MainActivity* que es el código de la actividad y es el siguiente:

```java
package com.example.ejemploshared;

import android.app.Activity;
import android.content.Context;
import android.content.SharedPreferences;
import android.content.SharedPreferences.Editor;
import android.os.Bundle;
import android.view.Menu;
import android.view.MenuItem;
import android.view.View;
import android.view.View.OnClickListener;
import android.widget.Button;
import android.widget.EditText;


public class MainActivity extends Activity implements
OnClickListener{
    EditText texto;
    Button boton;
    @Override
    protected void onCreate(Bundle savedInstanceState) {
        super.onCreate(savedInstanceState);
        setContentView(R.layout.activity_main);
        texto = (EditText) findViewById(R.id.texto);
```

```java
        boton = (Button) findViewById(R.id.boton);

        SharedPreferences pref =
getSharedPreferences("nombre", Context.MODE_PRIVATE);
        texto.setText(pref.getString("dato", ""));

        boton.setOnClickListener(this);

    }


    @Override
    public boolean onCreateOptionsMenu(Menu menu) {
        // Inflate the menu; this adds items to the action bar
if it is present.
        getMenuInflater().inflate(R.menu.main, menu);
        return true;
    }

    @Override
    public boolean onOptionsItemSelected(MenuItem item) {
        // Handle action bar item clicks here. The action bar
will
        // automatically handle clicks on the Home/Up button,
so long
        // as you specify a parent activity in
AndroidManifest.xml.
        int id = item.getItemId();
        if (id == R.id.action_settings) {
            return true;
        }
        return super.onOptionsItemSelected(item);
    }


    @Override
    public void onClick(View v) {
        // TODO Auto-generated method stub
        switch (v.getId()) {
        case R.id.boton:
            String dato = texto.getText().toString();
            SharedPreferences preferencias =
getSharedPreferences("nombre", Context.MODE_PRIVATE);
            Editor editor = preferencias.edit();
            editor.putString("dato", dato);
            editor.commit();
```

```
                    finish();
                    break;

          default:
                    break;
             }
       }
}
```

Declaramos nuestra actividad, hacemos la herencia e implementamos el *OnClickListener* para el botón, además declaramos el elemento *EditText* que vamos a usar y el botón:

```
    public class MainActivity extends Activity implements
OnClickListener{
         EditText texto;
         Button boton;
```

Enlazamos los elementos gráficos con los que acabamos de declarar:

```
         texto = (EditText) findViewById(R.id.texto);
         boton = (Button) findViewById(R.id.boton);
```

Ahora le vamos a decir a nuestra aplicación que siempre que abramos la aplicación vamos a revisar *"SharedPreference"* para mostrar el dato en caso de que exista.

Comenzamos obteniendo la referencia a algo que ya guardamos anteriormente utilizando el método *getSharedPreferences*, después le pasamos el primer parámetro que es el nombre del archivo de preferencias que le colocamos anteriormente, el segundo parámetro es el modo o la forma en la que creamos el archivo. El *"MODE_PRIVATE"* significa que solo esta aplicación puede consultar el XML que se creó. El *"MODE_WORLD_READABLE"* significa que todas las aplicaciones pueden leer estas preferencias pero solo la nuestra puede modificarlas. El *"MODE_WORLD_WRITABLE"* significa que todas las aplicaciones pueden leer y modificar estas preferencias. Como vemos es importante el modo en el que la guardamos ya que dependiendo del nivel de seguridad y acceso seleccionamos el indicado:

```
        SharedPreferences pref  =
getSharedPreferences("nombre", Context.MODE_PRIVATE);
```

Luego le diremos al *EditText* que tome el texto de las preferencias que tiene de nombre "dato" y tenemos que indicarle un valor que nos devuelva por defecto si el archivo de las preferencias no tiene un valor con el nombre que le indicamos:

```
texto.setText(pref.getString("dato", ""));
```

Habilitamos el botón para que funcione:

```
boton.setOnClickListener(this);
```

Finalmente creamos el caso en el que se pulsa el botón:

```
public void onClick(View v) {
        // TODO Auto-generated method stub
        switch (v.getId()) {
        case R.id.boton:
            String dato = texto.getText().toString();
            SharedPreferences preferencias =
getSharedPreferences("nombre", Context.MODE_PRIVATE);
            Editor editor = preferencias.edit();
            editor.putString("dato", dato);
            editor.commit();
            finish();
            break;

        default:
            break;
        }
    }
```

Guardamos en una cadena que se llamará "dato" lo que leemos del *EditText*:

```
String dato = texto.getText().toString();
```

Creamos una preferencia y le colocamos el nombre *"nombre"* y ponemos el modo *"MODE_PRIVATE"* que ya explicamos anteriormente:

```
SharedPreferences preferencias =
getSharedPreferences("nombre",Context.MODE_PRIVATE);
```

Creamos un objeto de la clase *"Editor"* y obtenemos la referencia del objeto de la clase *SharedPreferences* que creamos:

```
Editor editor = preferencias.edit();
```

Colocamos un dato que lleva el nombre de *"dato"* y el valor es la cadena "dato" que obtuvimos del *EditText*.

```
editor.putString("dato", dato);
```

Utilizamos el método *commit* que es con el que confirmamos que ya hicimos los cambios que deseábamos a las preferencias y que ahora se deben guardar:

```
editor.commit();
```

En este ejercicio utilizamos la instrucción *finish()* para que al finalizar la ejecución del código que se encuentra dentro del botón se cierre la aplicación. Si volvemos a abrir la aplicación notaremos que lo último escrito antes de pulsar el botón se muestra aunque cerremos la aplicación, es decir, que los datos se mantienen y se leen del archivo creado como preferencias.

Esta es la pantalla la primera vez que abrimos la aplicación:

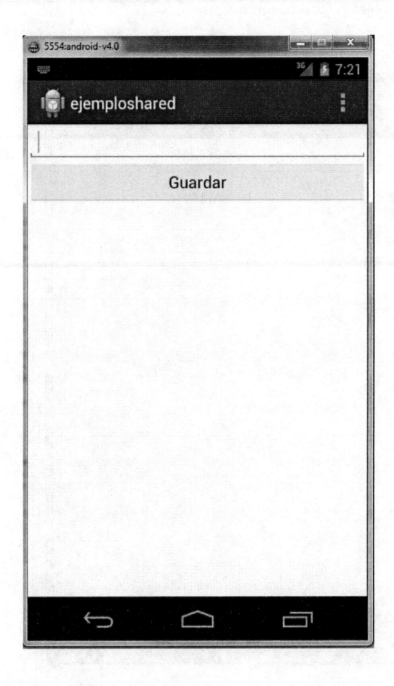

Colocamos un texto y después hacemos clic:

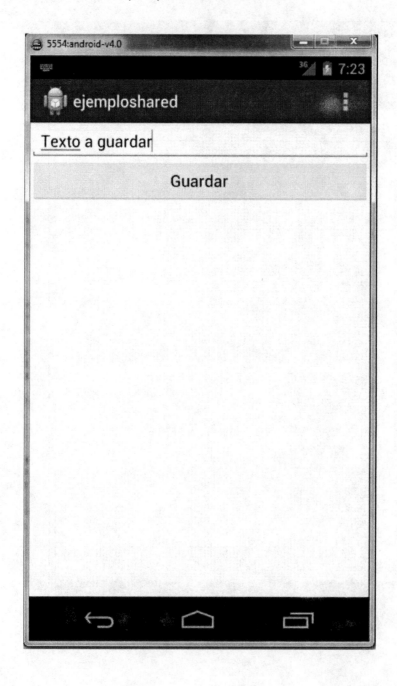

En el momento de reabrir la aplicación vemos que tiene el último texto que escribimos (podemos apagar y encender el móvil para comprobar):

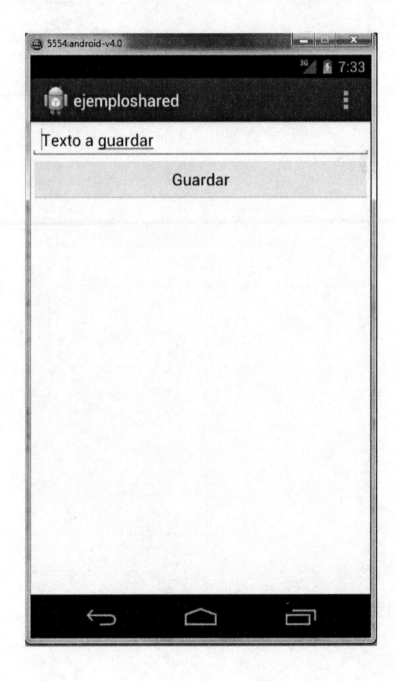

AUTOCOMPLETAR

En Android tenemos un elemento *"AutoCompleteTextView"* que nos ayuda cuando queremos facilitarle al usuario escribir y sabemos las posibles respuestas, por ejemplo palabras que va a buscar o lugares que piensa visitar. El autocompletar ayuda al usuario a realizar las cosas de una forma más rápida.

La interfaz gráfica que vamos a tener solamente se compondrá del elemento *AutoCompleteTextView* dentro de un *LinearLayout*. El *LinearLayout* y el *AutoCompleteTextView* tienen la mayoría de los atributos que ya conocemos a lo largo del libro, pero existe uno que no conocemos: *completionThreshold*, este sirve para indicarle a partir de qué cantidad de caracteres comienza el autocompletado, por ejemplo: si escribimos el número 5 significa que hasta que el usuario escriba 5 caracteres no comenzará la sugerencia de las palabras a partir de las coincidencias que encuentre en las posibles palabras que ya colocamos con anterioridad. El código es el siguiente:

```
    <LinearLayout
xmlns:android="http://schemas.android.com/apk/res/android"
     xmlns:tools="http://schemas.android.com/tools"
     android:layout_width="match_parent"
     android:layout_height="match_parent"
     android:orientation="vertical"
     tools:context="com.example.autocompletar.MainActivity" >

     <AutoCompleteTextView
     android:id="@+id/autotv"
        android:layout_width="fill_parent"
```

```
            android:layout_height="wrap_content"
            android:completionHint="Introduce tu nombre"
            android:completionThreshold="3"

        />

</LinearLayout>
```

Así se ve la pantalla:

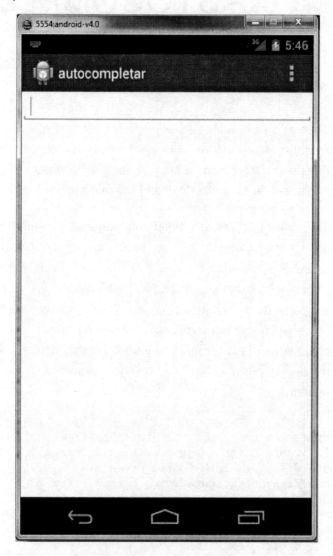

El código del archivo *MainActivity.java* es el siguiente:

```
package com.example.autocompletar;


import android.app.Activity;

import android.os.Bundle;

import android.view.Menu;

import android.view.MenuItem;

import android.widget.ArrayAdapter;

import android.widget.AutoCompleteTextView;




public class MainActivity extends Activity {

    AutoCompleteTextView auto;

    String[] items = {"Alberto","Anabel","Benito","Carlos","Daniel","Josefina","Miguel Angel","Hector"};

    @Override

    protected void onCreate(Bundle savedInstanceState) {

        super.onCreate(savedInstanceState);

        setContentView(R.layout.activity_main);

        auto = (AutoCompleteTextView) findViewById(R.id.autotv);
```

```
        ArrayAdapter<String> adapter = new
ArrayAdapter<String>(this,android.R.layout.simple_list_item_1,items);

    auto.setAdapter(adapter);



    }




    @Override

    public boolean onCreateOptionsMenu(Menu menu) {

        // Inflate the menu; this adds items to the action bar if it is present.

        getMenuInflater().inflate(R.menu.main, menu);

        return true;

    }




    @Override

    public boolean onOptionsItemSelected(MenuItem item) {

        // Handle action bar item clicks here. The action bar will

        // automatically handle clicks on the Home/Up button, so long

        // as you specify a parent activity in AndroidManifest.xml.

        int id = item.getItemId();
```

```
    if (id == R.id.action_settings) {

        return true;

    }

    return super.onOptionsItemSelected(item);

  }

}
```

Vamos a crear nuestra *MainActivity* heredando de *Activity* y declarar el *AutocompleteTextview* que vamos a utilizar para usar el elemento del mismo nombre que se encuentra en el XML. Además, vamos a crear un *String[]* que es el que contendrá nuestras palabras sugeridas al usuario en el autocompletado.

```
public class MainActivity extends Activity {

    AutoCompleteTextView auto;

    String[]                          items                          =
{"Alberto","Anabel","Benito","Carlos","Daniel","Josefina","Miguel
Angel","Hector"};
```

Indicamos que el elemento *auto* hará referencia al elemento *AutoCompleteTextView* que se encuentra en el XML. Creamos un *adapter* al que le pasamos 3 parámetros *(this,android.R.Layout.simple_list_item_1,items)*.

"this" es el contexto, *"androidr.layout.simple_list_item_1"* es la forma o diseño predefinido de cómo queremos mostrarlo, Android cuenta con varios diseños y puedes consultarlos en la documentación oficial:

http://developer.android.com/reference/android/R.layout.html

"items" es el conjunto de palabras que definimos con anterioridad, las cuales tomará para hacerle sugerencias al usuario, cuando este escribe por ejemplo las primeras 3 letras de "Daniel" se ve de la siguiente forma:

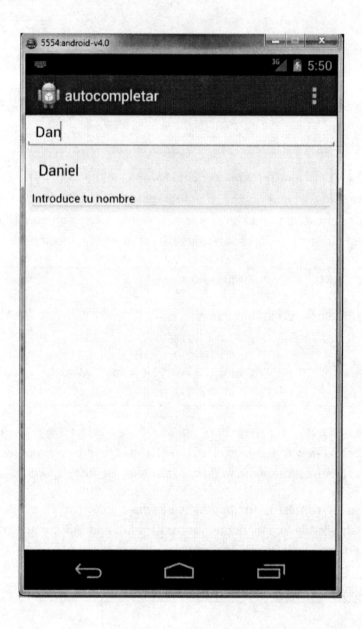

En el caso de que escribamos las primeras 3 palabras de "Miguel Angel" deberíamos de ver algo como lo siguiente:

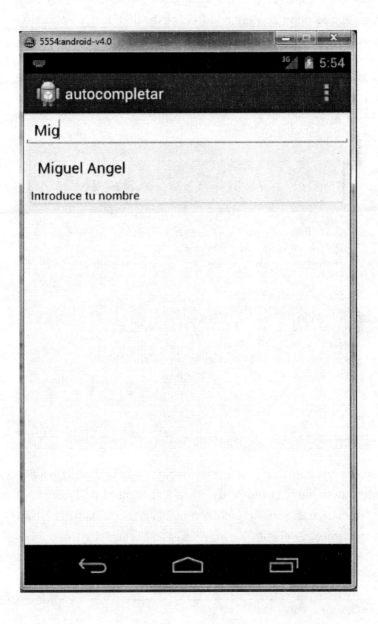

Autocompletar desde un XML

En este apartado vamos a ver autocompletar pero tomaremos el texto que vamos a colocar desde el archivo *strings.xml,* que como vimos en capítulos anteriores es el que debe contener todo el texto de nuestra aplicación para poder generar una aplicación multi-idioma sin problemas.

El *autoCompleteTextView* contiene los mismos atributos que el primer ejemplo del capítulo.

Este es el código del XML:

```xml
<LinearLayout
xmlns:android="http://schemas.android.com/apk/res/android"
    xmlns:tools="http://schemas.android.com/tools"
    android:layout_width="match_parent"
    android:layout_height="match_parent"
    android:orientation="vertical"
    tools:context="com.example.autocompletar.MainActivity" >

    <AutoCompleteTextView
        android:id="@+id/autotv"
        android:layout_width="fill_parent"
        android:layout_height="wrap_content"
        android:completionHint="@string/mes"
        android:completionThreshold="3"

        />

</LinearLayout>
```

Primero vamos a entrar en el archivo *strings.xml* de nuestra aplicación y crear un elemento que se llama *string-array*, llevará el nombre de *"meses"* y dentro de él colocamos *items*, que son los elementos que va a contener. En este caso colocaremos los meses del año.

Este sería el código:

```xml
<string-array name="meses">
    <item>Enero</item>
    <item>Febrero</item>
    <item>Marzo</item>
```

```
            <item>Abril</item>
            <item>Mayo</item>
            <item>Junio</item>
            <item>Julio</item>
            <item>Agosto</item>
            <item>Septiembre</item>
            <item>Octubre</item>
            <item>Noviembre</item>
            <item>Diciembre</item>
        </string-array>
```

El código del archivo *MainActivity.java* es el siguiente:

```java
package com.example.autocompletar;

import android.app.Activity;
import android.os.Bundle;
import android.view.Menu;
import android.view.MenuItem;
import android.widget.ArrayAdapter;
import android.widget.AutoCompleteTextView;


public class MainActivity extends Activity {
    AutoCompleteTextView auto;
    @Override
    protected void onCreate(Bundle savedInstanceState) {
        super.onCreate(savedInstanceState);
        setContentView(R.layout.activity_main);
    auto = (AutoCompleteTextView) findViewById(R.id.autotv);
        String[] meses=
getResources().getStringArray(R.array.meses);
        ArrayAdapter<String> adapter = new
ArrayAdapter<String>(this,android.R.layout.simple_list_item_1,meses)
;

        auto.setAdapter(adapter);

    }


    @Override
    public boolean onCreateOptionsMenu(Menu menu) {
        // Inflate the menu; this adds items to the action bar
if it is present.
        getMenuInflater().inflate(R.menu.main, menu);
```

```
                    return true;
        }

        @Override
        public boolean onOptionsItemSelected(MenuItem item) {
            // Handle action bar item clicks here. The action bar
will
            // automatically handle clicks on the Home/Up button,
so long
            // as you specify a parent activity in
AndroidManifest.xml.
            int id = item.getItemId();
            if (id == R.id.action_settings) {
                return true;
            }
            return super.onOptionsItemSelected(item);
        }
    }
```

Creamos la clase *MainActivity*, hacemos la herencia y declaramos el elemento *AutoCompleteTextView* que vamos a enlazar con el creado en el XML:

```
public class MainActivity extends Activity {
    AutoCompleteTextView auto;
```

Enlazamos el elemento *auto* con el elemento *AutoCompleteTextView* que creamos en el XML, creamos un *String[]* que se llama *"meses"* y le colocamos el recurso *R.array.meses* que se encuentra en el archivo *strings.xml*. Finalmente creamos el *adapter* que llenamos con el *String[] meses* y al elemento *auto* le pasamos el *adapter* que creamos anteriormente en la instrucción *.setAdapter*.

```
    auto = (AutoCompleteTextView) findViewById(R.id.autotv);
        String[] meses=
getResources().getStringArray(R.array.meses);
        ArrayAdapter<String> adapter = new
ArrayAdapter<String>(this,android.R.layout.simple_list_item_1,meses)
;
            auto.setAdapter(adapter);
```

Cuando escribimos las primeras tres palabras de "enero" aparece la sugerencia como en la siguiente imagen:

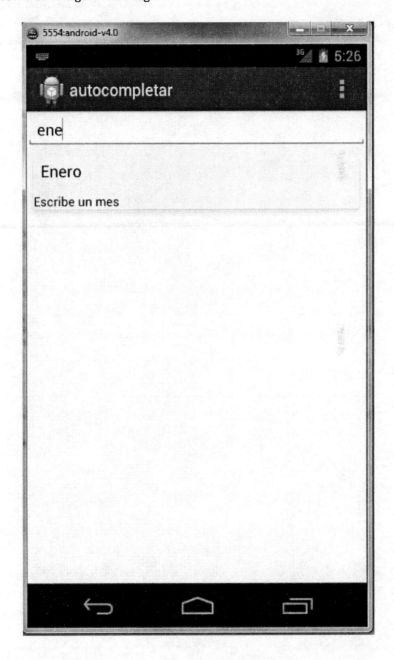

LISTVIEW

Este elemento es uno de los más usados en el desarrollo de las aplicaciones, la usabilidad de una lista con elementos es de lo más requerido por la naturaleza de las pantallas.

En este capítulo vamos a crear un *ListView* personalizado (quiere decir que le daremos un diseño propio, no el que viene por defecto), el clásico *ListView* es de color negro y con una línea de texto en cada elemento, vamos a crear un *ListView* que tenga una imagen y texto por cada ítem, además tendrá el texto de un color diferente, la lista tendrá un encabezado y cuando hagamos clic en un elemento nos va a mostrar el texto del elemento al que le hicimos clic.

Cuando creamos un *ListView* personalizado debemos tener claro las partes de las que se compone:

- La actividad en donde se va a mostrar el *Listview* **(puede ser el MainActivity)**
- Diseño de los ítems de la lista. **(Archivo listview_item_row.xml)**
- Diseño del encabezado de la lista. *Opcional **(archivo list_header_row.xml)***
- Adaptador (El que se encarga de rellenar la lista) **(Archivo FrutasVerdurasAdapter.java)**
- Clase de los elementos que colocaremos en la lista. *Opcional **(Archivo FrutasVerduras.java)***

Tenemos elementos que no son necesarios, pero para hacerlo de la mejor forma podríamos incluirlos, como el diseño del encabezado y una clase exclusiva para defirnir los elementos que contendrá la lista.

El archivo XML contendrá un *LinearLayout* como los que ya usamos a lo largo del libro y un elemento *ListView* al que solo le tenemos que colocar el alto, el ancho y el ID para poder manipular más adelante en el archivo *.java,* el código es el siguiente **(Archivo activity_main.xml):**

```
<LinearLayout
xmlns:android="http://schemas.android.com/apk/res/android"
    xmlns:tools="http://schemas.android.com/tools"
    android:layout_width="match_parent"
    android:layout_height="match_parent"
    android:orientation="vertical"
    tools:context="com.example.ejemplolista.MainActivity" >

<ListView
    android:id="@+id/lv"
    android:layout_width="match_parent"
    android:layout_height="wrap_content"
    >


</ListView>

</LinearLayout>
```

Ahora vamos a crear el diseño del encabezado de la lista, para esto vamos al directorio *layout* y pulsamos el botón derecho, creamos un nuevo archivo al que le damos el nombre *"list_header.xml"* y lo colocamos un *TextView* que será el texto del título de nuestra lista, le cambiaremos el color de fondo, del texto y del tamaño de fuente. Además, centramos el texto, este es el código **(Archivo list_header_row.xml):**

```
<?xml version="1.0" encoding="utf-8"?>
<LinearLayout
xmlns:android="http://schemas.android.com/apk/res/android"
    android:layout_width="match_parent"
    android:layout_height="wrap_content"
    android:orientation="vertical" >

<TextView
```

```
        android:layout_width="match_parent"
        android:layout_height="wrap_content"
        android:text="@string/encabezado"
        android:textSize="25sp"
        android:background="#234562"
        android:textColor="#ffffff"
        android:gravity="center_horizontal"
        />

</LinearLayout>
```

A continuación creamos el archivo XML que contiene el diseño de los elementos que van a ir dentro de la lista, repetimos el proceso de crear un archivo en el directorio *layout* pero colocamos el nombre de *"listview_item_row.xml"*. Este es el diseño de los ítems.

Utilizamos como contenedor principal un *LinearLayout* con una orientación de forma horizontal y con un peso total de "10" para distribución de los elementos. Dentro del *LinearLayout* colocamos un *ImageView* y le asignamos un peso de "3", la imagen que le vamos a colocar es la que viene por defecto en Eclipse que es el *"ic_launcher"* y creamos el segundo elemento que es un *TextView* al que le ponemos el peso de "7", de texto le podemos poner lo que sea, en este caso usamos una cadena que se llama *"texto"* que se encuentra en el archivo *"strings.xml"*. El código es el siguiente **(Archivo listview_item_row.xml)**:

```
<?xml version="1.0" encoding="utf-8"?>
<LinearLayout
xmlns:android="http://schemas.android.com/apk/res/android"
    android:layout_width="match_parent"
    android:layout_height="wrap_content"
    android:orientation="horizontal"
    android:weightSum="10"
    >

    <ImageView
        android:id="@+id/imagen"
        android:layout_width="0dp"
        android:layout_weight="3"
        android:layout_height="wrap_content"
        android:src="@drawable/ic_launcher"
```

```
                    />
        <TextView
            android:id="@+id/tv"
            android:layout_width="0dp"
            android:layout_weight="7"
            android:layout_height="match_parent"
            android:text="@string/texto"
            android:textColor="#00FF00"
            android:gravity="center_vertical"

            />

    </LinearLayout>
```

Ahora vamos a crear una clase que llamaremos *"FrutasVerduras"* que es la que tiene la estructura de lo que vamos a colocar en la lista, en realidad lo que va a tener es una imagen o icono y un título. Con esto ya sabemos que en el momento de agregar un *"item"* a la lista tenemos que decirle tu texto es *X* y tu imagen es *Y*. Esto lo hacemos para tener una estructura establecida que nos ayude a tener separado y ordenado el código. Para crear la clase vamos al paquete que tenemos dentro del directorio *"src"*, pulsamos botón derecho y pulsamos en Crear clase. Le damos el nombre *"FrutasVerduras"* y colocamos el siguiente código **(Archivo FrutasVerduras.java):**

```
package com.example.ejemplolista;

public class FrutasVerduras {

    public int icon;
    public String title;
    public FrutasVerduras(){
        super();
    }

    public FrutasVerduras(int icon, String title) {
        super();
        this.icon = icon;
        this.title = title;
    }
}
```

Creamos la clase"*FrutasVerduras*" y declaramos un *icon* del tipo entero que es la imagen que queremos colocar a cada elemento de la lista, además de una cadena de texto que se llama *title*:

```java
public class FrutasVerduras {

    public int icon;
    public String title;
```

Tenemos que declarar un constructor en caso de querer crear un elemento y que este no reciba parámetros, para eso usamos el *super()* que hace referencia al constructor de la superclase:

```java
public FrutasVerduras(){
        super();
    }
```

El *super()* es un tema específico de Java, en caso de no saber de qué trata recomiendo leer un poco sobre el tema en algún libro de Java para principiantes ya que conforme se va adentrando en el desarrollo de Android se tienen que ir creando o utilizando constructores.

Finalmente creamos el caso para cuando recibimos la imagen y el título como parámetros en el momento de crear el elemento. Utilizamos *super()* pero además le asignamos la imagen y el título que recibimos a nuestro elemento.

```java
public FrutasVerduras(int icon, String title) {
        super();
        this.icon = icon;
        this.title = title;
    }
```

El paso siguiente es crear un adaptador. Este funciona como puente y nos permite asignar una colección de datos a un elemento, que en nuestro caso es la lista. El adaptador además nos permite acceder de forma individual a los elementos y obtener datos como el texto, la posición, si contiene imágenes, entre otras opciones. Android y Java tienen adaptadores por defecto, pero como estamos personalizando la lista, tendremos que crear un adaptador especial para nuestra lista, porque esta contiene más elementos de los que vienen por defecto, así que si queremos acceder a ellos y colocarlos, tenemos que hacerlo por nuestra cuenta.

Para lograrlo creamos una clase a la que llamaremos *"FrutasVerdurasAdapter.java"*, la creamos en donde están los archivos *".java"* en el directorio *src* de nuestra aplicación y en el mismo paquete que el *MainActivity.java*.

El código es el siguiente **(Archivo FrutasVerdurasAdapter.java):**

```java
package com.example.ejemplolista;

import android.app.Activity;
import android.content.Context;
import android.view.LayoutInflater;
import android.view.View;
import android.view.ViewGroup;
import android.widget.ArrayAdapter;
import android.widget.ImageView;
import android.widget.TextView;

public class FrutasVerdurasAdapter  extends
ArrayAdapter<FrutasVerduras>{
        Context context;
        int layoutResourceId;
        FrutasVerduras data[] = null;

        public FrutasVerdurasAdapter(Context context, int
layoutResourceId,
                FrutasVerduras[] data) {
            super(context, layoutResourceId, data);
            // TODO Auto-generated constructor stub
            this.context = context;
            this.layoutResourceId = layoutResourceId;
            this.data = data;
        }

        public View getView(int position, View convertView,
ViewGroup parent) {

            View row = convertView;
            FrutasVerdurasHolder holder = null;

            if(row==null){
                LayoutInflater inflater =
((Activity)context).getLayoutInflater();
                row = inflater.inflate(layoutResourceId, parent,
false);

                holder = new FrutasVerdurasHolder();
```

```
                    holder.imagen =
(ImageView)row.findViewById(R.id.imagen);
            holder.texto = (TextView)row.findViewById(R.id.tv);
            row.setTag(holder);
        }else{
            holder=(FrutasVerdurasHolder)row.getTag();
        }

        FrutasVerduras frutasVerduras = data[position];
        holder.texto.setText(frutasVerduras.title);
        holder.imagen.setImageResource(frutasVerduras.icon);

        return row;
    }

    static class FrutasVerdurasHolder{
        ImageView imagen;
        TextView texto;
    }

}
```

Creamos *FrutasVerdurasAdapter* y hacemos la herencia de una clase base que tenemos que se llama *ArrayAdapter.* Dentro de las *"< >"* colocamos *FrutasVerduras* que es el *"tipo"* de datos que va a contener y manejar este adaptador. Si hacemos memoria, el archivo anterior que creamos fue para definir este tipo que vamos a usar.

Definimos también algunos elementos que usaremos:

- contexto, este nos va servir para utilizarlo en el momento que nos soliciten colocarlo.
- *layoutResourceId* que nos va ayudar a colocar el recurso que deseamos.
- data[] que es un conjunto de datos del tipo *"FrutasVerduras"*.

```
    public class FrutasVerdurasAdapter   extends
ArrayAdapter<FrutasVerduras>{
        Context context;
        int layoutResourceId;
        FrutasVerduras data[] = null;
```

Definimos un constructor en el que recibimos los 3 elementos anteriores que definimos y los asignamos a nuestro elemento.

```java
    public FrutasVerdurasAdapter(Context context, int
layoutResourceId,
            FrutasVerduras[] data) {
        super(context, layoutResourceId, data);
        // TODO Auto-generated constructor stub
        this.context = context;
        this.layoutResourceId = layoutResourceId;
        this.data = data;
    }
```

Tendremos una vista que es la que iremos llenando con los elementos que vamos recibiendo. Utilizamos el *LayoutInfalter* que nos permite ir colocando los elementos que vamos recibiendo en uno mismo para más adelante tener todos juntos y poderlos desplegar como una lista. Además comenzamos a asignar a cada ítem la imagen y el texto conforme van entrando a la "vista" que estamos generando y así comienza la colocación en la posición conforme van entrando, al final devolvemos la vista a la que llamamos *row*, que es lo que se muestra al finalizar todo. El código es el siguiente:

```java
    public View getView(int position, View convertView, ViewGroup
parent) {

        View row = convertView;
        FrutasVerdurasHolder holder = null;

        if(row==null){
            LayoutInflater inflater =
((Activity)context).getLayoutInflater();
            row = inflater.inflate(layoutResourceId, parent,
false);

            holder = new FrutasVerdurasHolder();
            holder.imagen =
(ImageView)row.findViewById(R.id.imagen);
            holder.texto = (TextView)row.findViewById(R.id.tv);
            row.setTag(holder);
        }else{
            holder=(FrutasVerdurasHolder)row.getTag();
        }

        FrutasVerduras frutasVerduras = data[position];
        holder.texto.setText(frutasVerduras.title);
        holder.imagen.setImageResource(frutasVerduras.icon);
```

```
        return row;
    }
```

En el código anterior observamos que estamos utilizando un *holder* que viene de *FrutasVerdurasHolder()*, este nos sirve para mantener una referencia a cada uno de los elementos que tengamos que manipular del *layout*, que en este caso es la imagen y el texto.

Lo que buscamos con esto es acceder después de una forma sencilla al elemento. Nos aprovechamos de la propiedad *.getTag()* para colocarlo y en caso de recuperarlo utilizamos *.getTag()*.

El *holder* lo podemos considerar como un tema avanzado en Android ya que es un modo de hacer las cosas de mejor forma, si no colocáramos un *holder*, el consumo de recursos de nuestra aplicación sería bastante alto y en aplicaciones con listas largas el rendimiento sería una pesadilla. Tendríamos que ir creando y borrando objetos dependiendo de los elementos que se están mostrando de la lista en la pantalla. Lo que hacemos es crear una clase que guarda las clases la primera vez y luego las recuperamos.

El código es el siguiente:

```
static class FrutasVerdurasHolder{
        ImageView imagen;
        TextView texto;
    }
```

Con esto ya tenemos cubiertos todos los puntos que debe cubrir un *adapter*.

Ahora tenemos nuestro archivo principal que es el que se encarga de llenar la lista que vamos a ver y ejecutar la acción en el momento de hacer clic. Su código es **(Archivo MainActivity.java):**

```
package com.example.ejemplolista;

import java.util.List;

import android.app.Activity;
```

```java
    import android.os.Bundle;
    import android.view.Menu;
    import android.view.MenuItem;
    import android.view.View;
    import android.widget.AdapterView;
    import android.widget.AdapterView.OnItemClickListener;
    import android.widget.ListView;
    import android.widget.TextView;
    import android.widget.Toast;


    public class MainActivity extends Activity {
        ListView lv;
        @Override
        protected void onCreate(Bundle savedInstanceState) {
            super.onCreate(savedInstanceState);
            setContentView(R.layout.activity_main);

            FrutasVerduras frutasVerduras_datos[] = new
FrutasVerduras[]{
                new FrutasVerduras(R.drawable.ic_launcher,"Manzana"),
                new FrutasVerduras(R.drawable.ic_launcher,"Pepino"),
                new FrutasVerduras(R.drawable.ic_launcher,"Pera"),
                new FrutasVerduras(R.drawable.ic_launcher,"Naranja"),
                new FrutasVerduras(R.drawable.ic_launcher,"Sandia"),
                new FrutasVerduras(R.drawable.ic_launcher,"Lechuga"),
            };

            FrutasVerdurasAdapter adapter = new
FrutasVerdurasAdapter(this, R.layout.listview_item_row,
                    frutasVerduras_datos);

            lv= (ListView) findViewById(R.id.lv);
            View header = (View)
getLayoutInflater().inflate(R.layout.list_header_row, null);
            lv.addHeaderView(header);
            lv.setAdapter(adapter);
            lv.setOnItemClickListener(new OnItemClickListener() {

            public void onItemClick(AdapterView<?>arg0, View arg1,
int arg2, long arg3){
                    TextView v = (TextView)arg1.findViewById(R.id.tv);
                    Toast.makeText(getApplicationContext(),
v.getText(),Toast.LENGTH_SHORT).show();
                }
```

```
            });
        }


        @Override
        public boolean onCreateOptionsMenu(Menu menu) {
            // Inflate the menu; this adds items to the action bar
if it is present.
            getMenuInflater().inflate(R.menu.main, menu);
            return true;
        }


        @Override
        public boolean onOptionsItemSelected(MenuItem item) {
            // Handle action bar item clicks here. The action bar
will
            // automatically handle clicks on the Home/Up button,
so long
            // as you specify a parent activity in
AndroidManifest.xml.
            int id = item.getItemId();
            if (id == R.id.action_settings) {
                return true;
            }
            return super.onOptionsItemSelected(item);
        }
    }
```

Creamos la clase, heredamos de *Activity* y declaramos el elemento *ListView* que vamos a utilizar:

```
public class MainActivity extends Activity {
    ListView lv;
```

Después creamos *frutasVerduras_datos[]* que es el contenedor de todos los elementos que queremos colocar en la lista, debemos saber que cuando son muchos los datos que vamos a tener para que no aumente inmensamente nuestro código se recomienda tomarlo de un XML, *Json* u otro formato de archivo, sería algo similar a lo que hicimos en el capítulo 22.

Al no tener muchos elementos podemos hacerlo de forma directa como en este ejemplo, ya que tenemos los datos declaramos el *adapter* que vamos a utilizar y le pasamos los parámetros que nos pide: contexto, el diseño que vamos a utilizar y la fuente de los datos que vamos a colocar:

```
        FrutasVerduras frutasVerduras_datos[] = new
FrutasVerduras[]{
        new FrutasVerduras(R.drawable.ic_launcher,"Manzana"),
        new FrutasVerduras(R.drawable.ic_launcher,"Pepino"),
        new FrutasVerduras(R.drawable.ic_launcher,"Pera"),
        new FrutasVerduras(R.drawable.ic_launcher,"Naranja"),
        new FrutasVerduras(R.drawable.ic_launcher,"Sandia"),
        new FrutasVerduras(R.drawable.ic_launcher,"Lechuga"),
        };

        FrutasVerdurasAdapter adapter = new
FrutasVerdurasAdapter(this, R.layout.listview_item_row,
                frutasVerduras_datos);
```

Asignamos el elemento lista que declaramos al *ListView* que tenemos en el archivo XML. Después creamos el *header* que va a ser el encabezado que creamos en un XML y lo asignamos a la lista como su encabezado y para concluir asignamos el *adapter* que creamos anteriormente:

```
        lv= (ListView) findViewById(R.id.lv);
        View header = (View)
getLayoutInflater().inflate(R.layout.list_header_row, null);
        lv.addHeaderView(header);
        lv.setAdapter(adapter);
```

Para poder mostrar el texto de cada ítem dentro de un *Toast*, vamos a implementar el *onItemClickListener* a los elementos de la lista, lo habilitamos para la lista y en el *onItemClick* utilizamos un *TextView* temporal que nos permite recibir el *TextView* del elemento que fue presionado y pasarlo al *Toast* para imprimir el mensaje:

```
    public void onItemClick(AdapterView<?>arg0,  View arg1, int
arg2, long arg3){
            TextView v = (TextView)arg1.findViewById(R.id.tv);
```

```
            Toast.makeText(getApplicationContext(),
v.getText(),Toast.LENGTH_SHORT).show();
        }
```

Esta sería la vista de nuestra aplicación:

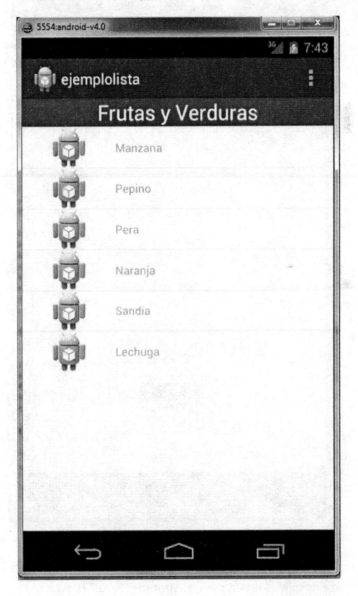

Esto sucedería al presionar el elemento "Pera".

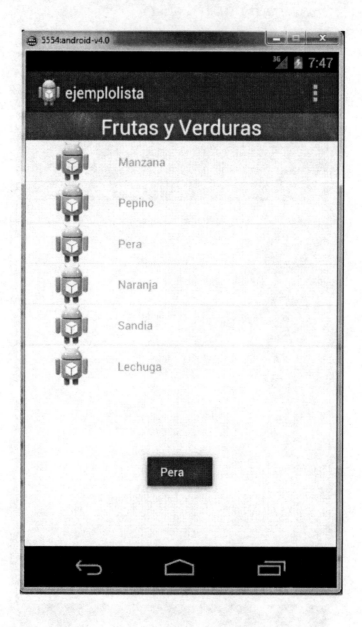

Como podemos ver cada vez que seleccionamos un elemento de la lista se toma el texto y se despliega en un mensaje por medio del *Toast:*

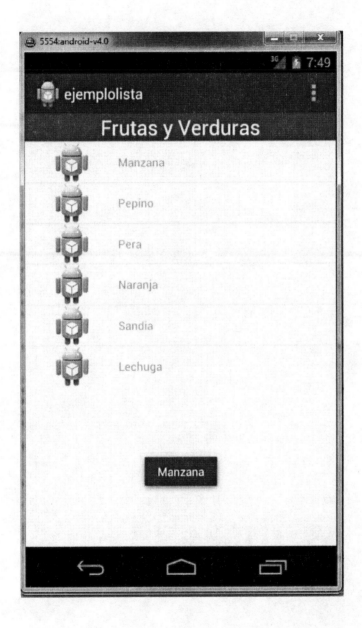

HILOS Y TAREAS
ASÍNCRONAS

Un hilo es un concepto dentro de la programación que se utiliza para hacer referencia a una unidad de procesamiento, pensemos de la siguiente forma: cuando una persona está hablando en un chat con otra persona decimos que está en una conversación (hilo 1), pero si en ese momento se abre una segunda ventana de chat con otra persona podemos decir que se crea otra conversación (hilo 2), los hilos en este caso comparten los mismos recursos, nuestro teclado, monitor, PC, etc. Pero estamos realizando dos conversaciones diferentes y una no se tiene que enterar de lo que hace la otra. También existen aspectos que son independientes para cada hilo, por ejemplo pila de ejecución, contadores, entre otros.

Dependiendo del lenguaje de programación, las características de los hilos pueden variar, por ejemplo unos se crean mediante llamadas a bibliotecas especiales como en *C++* y en *Java* podemos trabajar con hilos de ejecución.

En Android cuando abrimos la aplicación decimos que estamos utilizando el hilo principal, que es el que se encarga de la interfaz gráfica, en caso de realizar algo que deje colgado ese hilo, la aplicación tendrá que cerrarse.

Todo esto nos lleva a un concepto de la programación que se llama Multitarea.

En Android tenemos 3 formas de hacer "Multitarea": con Hilos, *Handlers* y *AsyncTask*.

Hilo

Lo podemos definir como un camino de ejecución. La mayoría de los programas hoy en día funcionan de esa forma, empiezan en un lado y terminan en otro. A este caso se le llamaría un programa con hilo principal, a veces las necesidades del programa nos llevan a crear más hilos, además del camino principal tenemos otro camino, por ejemplo podemos estar procesando una imagen y al mismo tiempo leyendo un archivo pesado, otro ejemplo sería de una aplicación que muestra un cuadro de descarga mientras un hilo de la aplicación está haciendo una descarga, tenemos el hilo principal que se encarga de lo que ve el usuario y el otro de realizar la descarga.

Los hilos se pueden usar en Android, pero en la mayoría de casos se prefiere utilizar el *handler*.

Antes de explicar *Handler* y *AsyncTask* debemos saber lo siguiente:

Vemos que *AsyncTask* y *Handler* usan internamente los hilos, así que todo lo que hacemos con ellos lo podemos hacer con hilos. Pero como se pueden cometer varios errores, crear y acceder a hilos que no deberíamos acceder o modificar, esto podría provocar errores, para que no pase esto se proporcionan dos elementos más que tienen funciones específicas, estos son *Handler* y *AsyncTask*.

Handler

Al crear un hilo en Android tenemos varias limitaciones por su naturaleza, por ejemplo no se nos permite modificar o insertar datos en el hilo principal de la aplicación (el que se encarga de la interfaz gráfica), esta es una de las limitaciones. El *Handler* podemos interpretarlo como un puente entre un hilo y el hilo principal. *Handler* nos permite enviar y procesar mensajes, también podemos utilizar objetos "*Runnable*". El *Handler* es una forma de prevenir errores con los hilos. El uso de hilos viene desde Java, pero cuando estamos desarrollando en Android se acostumbra hacerlo con *Handler*.

AsyncTask

Es la forma adecuada y fácil de acceder o usar el hilo de la interfaz de usuario. Nos permite trabajar en segundo plano con operaciones y ver los resultados en el hilo de la interfaz sin tener que manipular hilos o *handlers*. Podríamos usar *Handler* para esto, pero *Asynctask* es mucho más sencillo para trabajar con la interfaz.

Creando un hilo

Vamos a crear un ejemplo que desarrolle un hilo que incremente una variable y tendremos un botón que en el momento de ser presionado nos muestre el valor de esa variable que va incrementando en el hilo secundario que hemos creado.

Tendremos la interfaz clásica del "holamundo" y le agregaremos un botón. Tendremos el clásico *LinearLayout* y estos dos elementos, el código es el siguiente:

```
    <LinearLayout
xmlns:android="http://schemas.android.com/apk/res/android"
      xmlns:tools="http://schemas.android.com/tools"
      android:layout_width="match_parent"
      android:layout_height="match_parent"
     android:orientation="vertical"
      tools:context="com.example.ejemplohilos.MainActivity" >

      <TextView
          android:id="@+id/texto"
          android:layout_width="wrap_content"
          android:layout_height="wrap_content"
          android:text="@string/hello_world" />

      <Button
          android:layout_width="match_parent"
          android:layout_height="wrap_content"
          android:id="@+id/boton"
          android:text="ver valor"
          />
    </LinearLayout>
```

El código del *MainActivity.java* es el siguiente:

```
package com.example.ejemplohilos;

import android.app.Activity;
import android.os.Bundle;
import android.view.Menu;
import android.view.MenuItem;
import android.view.View;
import android.view.View.OnClickListener;
```

```java
    import android.widget.Button;
    import android.widget.Toast;

    public class MainActivity extends Activity implements
OnClickListener{
        Button boton;
        int i;
        @Override
        protected void onCreate(Bundle savedInstanceState) {
            super.onCreate(savedInstanceState);
            setContentView(R.layout.activity_main);

            boton = (Button)findViewById(R.id.boton);
            boton.setOnClickListener(this);
            i=0;

            new Thread(new Runnable() {
                public void run() {

                    for (i=0;i<10000;i++){
                    System.out.println(i);

                        try {
                            Thread.sleep(3000);
                        } catch (InterruptedException e) {
                            // TODO Auto-generated catch block
                            e.printStackTrace();
                        }

                    }
                }
            }).start();

        }


        @Override
        public boolean onCreateOptionsMenu(Menu menu) {
            // Inflate the menu; this adds items to the action bar
if it is present.
            getMenuInflater().inflate(R.menu.main, menu);
            return true;
        }

        @Override
        public boolean onOptionsItemSelected(MenuItem item) {
```

```
            // Handle action bar item clicks here. The action bar
will
            // automatically handle clicks on the Home/Up button,
so long
            // as you specify a parent activity in
AndroidManifest.xml.
            int id = item.getItemId();
            if (id == R.id.action_settings) {
                return true;
            }
            return super.onOptionsItemSelected(item);
        }


        @Override
        public void onClick(View v) {
            // TODO Auto-generated method stub
            switch (v.getId()) {
            case R.id.boton:
                String valor =String.valueOf(i);
                Toast.makeText(MainActivity.this, valor,
Toast.LENGTH_SHORT).show();
                break;
            default:
                break;
            }
        }

    }
```

Declaramos el *MainActivity*, hacemos la herencia de *Activity* e implementamos el *OnClickListener* para el botón. Declaramos una variable que va a ser la que incrementará el hilo que crearemos:

```
    public class MainActivity extends Activity implements
OnClickListener{
        Button boton;
        int i;
```

Enlazamos el elemento botón que creamos con el del XML y activamos el *OnClickListener*, además inicializamos la variable en 0:

```
            boton = (Button)findViewById(R.id.boton);
            boton.setOnClickListener(this);
            i=0;
```

Creamos el hilo y le decimos que comience a ejecutarse, dentro del hilo realizamos un *for* de 0 a 10000 pero le colocamos un leve retraso para que podamos ver el aumento de manera más lenta:

```java
new Thread(new Runnable() {
    public void run() {

        for (i=0;i<10000;i++){
        System.out.println(i);

            try {
                Thread.sleep(3000);
            } catch (InterruptedException e) {
                // TODO Auto-generated catch block
                e.printStackTrace();
            }

        }
    }
}).start();
```

En el *onClick* colocamos el caso para el botón y lo que hacemos primero es crear una variable del tipo cadena para poder mostrarla en el *Toast*, pero antes tenemos que utilizar *String.valueof* para poder tomar el valor ya que es el tipo entero. Finalmente creamos el *Toast* que vamos a utilizar y le pasamos la cadena de texto que va a mostrar:

```java
@Override
public void onClick(View v) {
    // TODO Auto-generated method stub
    switch (v.getId()) {
    case R.id.boton:
        String valor =String.valueOf(i);
        Toast.makeText(MainActivity.this, valor,
Toast.LENGTH_SHORT).show();
        break;
    default:
        break;
    }
}
```

Esta es la pantalla que tenemos:

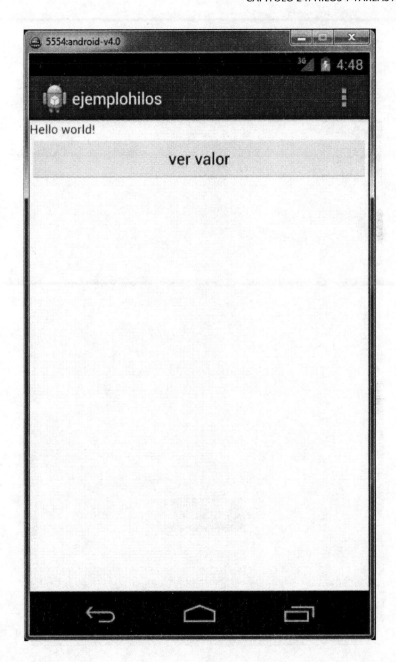

Después de presionar el botón en un tiempo aleatorio nos muestra el mensaje con el valor de "i":

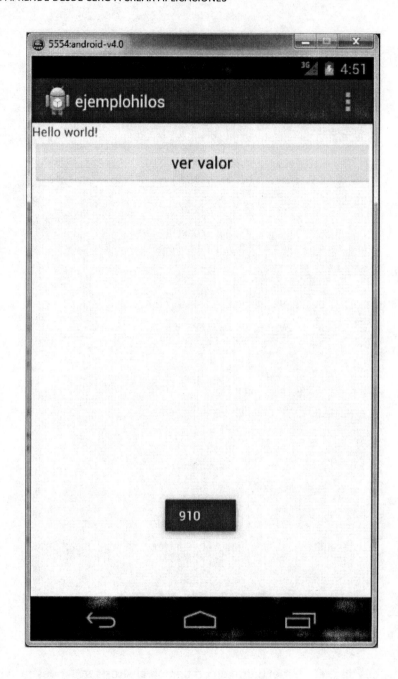

Utilizar Handler

Ahora no solo vamos a usar los hilos, usaremos el *handler* para ver cuál es la forma recomendada de implementación del mismo. Para este ejemplo solo vamos a usar un botón que se encargará de iniciar un hilo, más adelante nos mostrará un mensaje que se sigue ejecutando el mismo.

Utilizamos el *layout* por defecto de cualquier *"holamundo"* y agregamos un botón con el texto *"Iniciar hilo"*.

Este es el código de la interfaz gráfica:

```xml
<LinearLayout
xmlns:android="http://schemas.android.com/apk/res/android"
    xmlns:tools="http://schemas.android.com/tools"
    android:layout_width="match_parent"
    android:layout_height="match_parent"
   android:orientation="vertical"
    tools:context="com.example.ejemplohilos.MainActivity" >

    <TextView
        android:id="@+id/texto"
        android:layout_width="wrap_content"
        android:layout_height="wrap_content"
        android:text="@string/hello_world" />

    <Button
        android:layout_width="match_parent"
        android:layout_height="wrap_content"
        android:id="@+id/boton"
        android:text="Iniciar hilo"
        />
</LinearLayout>
```

Este es el código del *MainActivity.java*:

```java
package com.example.ejemplohilos;

import android.app.Activity;
import android.os.Bundle;
import android.os.Handler;
import android.view.Menu;
import android.view.MenuItem;
import android.view.View;
```

```java
import android.view.View.OnClickListener;
import android.widget.Button;
import android.widget.Toast;

public class MainActivity extends Activity{
    Button boton;
    final Handler handle = new Handler();
    protected void Hilo(){
        Thread hilo = new Thread(){
            public void run(){
                try {
                    Thread.sleep(10000);
                } catch (Exception e) {
                    // TODO: handle exception
                    e.printStackTrace();
                }
                handle.post(runnable);
            }
        };
        hilo.start();
    }
    final Runnable runnable = new Runnable() {

        @Override
        public void run() {
            // TODO Auto-generated method stub
            Toast.makeText(MainActivity.this, "Estamos en el
hilo", Toast.LENGTH_SHORT).show();
        }
    };

    @Override
    protected void onCreate(Bundle savedInstanceState) {
        super.onCreate(savedInstanceState);
        setContentView(R.layout.activity_main);

        boton = (Button)findViewById(R.id.boton);
        boton.setOnClickListener(new OnClickListener() {

            @Override
            public void onClick(View v) {
                // TODO Auto-generated method stub
                Toast.makeText(MainActivity.this, "iniciaremos
el hilo", Toast.LENGTH_SHORT).show();
            }
        });
```

```
        Hilo();


    }


    @Override
    public boolean onCreateOptionsMenu(Menu menu) {
        // Inflate the menu; this adds items to the action bar
if it is present.
        getMenuInflater().inflate(R.menu.main, menu);
        return true;
    }


    @Override
    public boolean onOptionsItemSelected(MenuItem item) {
        // Handle action bar item clicks here. The action bar
will
        // automatically handle clicks on the Home/Up button,
so long
        // as you specify a parent activity in
AndroidManifest.xml.
        int id = item.getItemId();
        if (id == R.id.action_settings) {
            return true;
        }
        return super.onOptionsItemSelected(item);
    }


    }
```

Declaramos un *MainActivity* y declaramos un elemento botón, también declaramos como final el *handler* que vamos a utilizar más adelante.

```
Button boton;
    final Handler handle = new Handler();
```

Creamos un método llamado *Hilo* que va a contener el hilo que vamos a usar. Declaramos el hilo y dentro del *run()* colocamos un *Thread.sleep(10000)* que retrasa durante un tiempo lo que hacemos. Después utilizamos el *handle.post* que se encargará de ejecutar finalmente el mensaje de texto que dice *"Estamos en el hilo"*.

```
    protected void Hilo(){
        Thread hilo = new Thread(){
            public void run(){
                try {
                    Thread.sleep(10000);
                } catch (Exception e) {
                    // TODO: handle exception
                    e.printStackTrace();
                }
                handle.post(runnable);
            }
        };
        hilo.start();
    }
    final Runnable runnable = new Runnable() {

        @Override
        public void run() {
            // TODO Auto-generated method stub
            Toast.makeText(MainActivity.this, "Estamos en el
hilo", Toast.LENGTH_SHORT).show();
        }
    };
```

Ya dentro en el *onCreate()* enlazamos el elemento botón que declaramos con el que se encuentra en el XML, agregamos el *setOnClickListener* en el que creamos un *Toast* que será el primero en mostrarse y donde indicamos que estamos por iniciar el hilo. Al final del esto iniciamos el método *Hilo()*.

```
    boton = (Button)findViewById(R.id.boton);
    boton.setOnClickListener(new OnClickListener() {

        @Override
        public void onClick(View v) {
            // TODO Auto-generated method stub
            Toast.makeText(MainActivity.this, "iniciaremos
el hilo", Toast.LENGTH_SHORT).show();
        }
    });
    Hilo();


    }
```

Así se ve la pantalla de inicio:

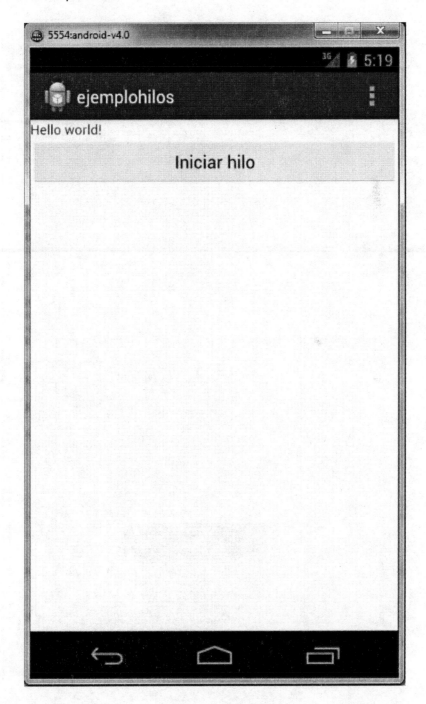

Cuando hacemos clic en el botón:

Después de unos segundos deberíamos de ver este mensaje:

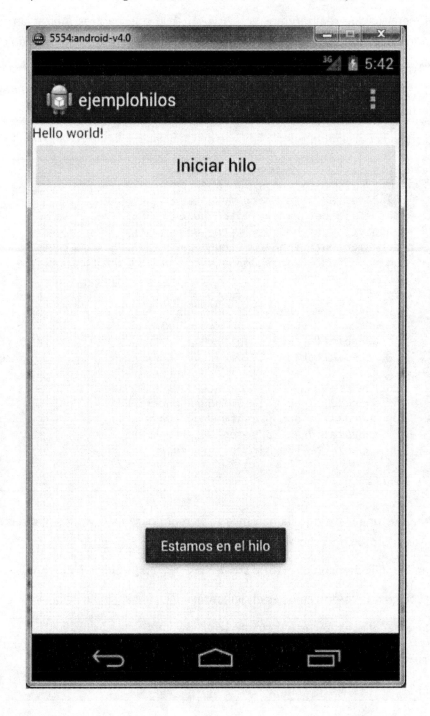

Utilizar AsyncTask

El ejercicio que realizaremos con *AsyncTask* lo que hará es utilizar un *for* y ejecutarlo en segundo plano o en el plano *BackGround* y veremos el resultado en la consola.

El XML tendrá un botón y con ese inicializaremos la tarea asíncrona que es la que ejecutará el *for*.

El código es el siguiente:

```xml
<LinearLayout
xmlns:android="http://schemas.android.com/apk/res/android"
     xmlns:tools="http://schemas.android.com/tools"
     android:layout_width="match_parent"
     android:layout_height="match_parent"
     android:orientation="vertical"
     tools:context="com.example.ejemplohilos.MainActivity" >

     <TextView
         android:id="@+id/texto"
         android:layout_width="wrap_content"
         android:layout_height="wrap_content"
         android:text="@string/hello_world" />

     <Button
         android:layout_width="match_parent"
         android:layout_height="wrap_content"
         android:id="@+id/boton"
         android:text="Iniciar AsyncTask"
         />
     </LinearLayout>
```

Creamos una clase que llamaremos *Asíncrona*, para esto vamos al directorio *src*, pulsamos botón derecho, luego *New* y luego *Class*.

Camino: **Clic derecho directorio src -> New -> Class(nombre Asincrona)**

El código que colocaremos es el siguiente:

```java
package com.example.ejemplohilos;

import android.os.AsyncTask;

public class Asincrona extends AsyncTask {
```

```java
    protected void onPreExecute(){
        super.onPreExecute();
    }

    @Override
    protected Object doInBackground(Object... params) {
        // TODO Auto-generated method stub
        for (int i = 0; i < 5; i++) {
            try {
                Thread.sleep(1000);
                System.out.println(i);
            } catch (InterruptedException e) {
                Thread.interrupted();
            }
        }
        return "Executed";


    }

    protected void  onPostExecute(Void args) {

    }

}
```

Debemos de conocer el ciclo de vida que tenemos en *AsyncTask* (métodos que tenemos disponibles):

onPreExecute

En este método colocamos lo que queremos ejecutar antes de la ejecución de la tarea, casi siempre se colocan instrucciones respecto a la configuración o de la interfaz que vamos a mostrar.

doInBackGround

Este método se ejecuta después de *onPreExecute* y en este se coloca lo que vamos a ejecutar realmente, de todos los métodos que utilizamos en realidad aquí es donde utilizamos el segundo hilo que se crea al utilizar *AsyncTask*.

onProgressUpdate

Este método lo utilzamos para mostrar el progreso de la tarea al usuario, nos aprovechamos que este funciona en el hilo de la interfaz y por lo tanto tenemos permitido modificar la interfaz y así enseñar al usuario el progreso de ejecución.

onPostExecute

Este método nos sirve para mostrar en la interfaz que está viendo el usuario el resultado de lo que hicimos.

Podemos utilizar todos o solo 1 de todos los métodos que acabamos de mencionar, depende de las necesidades de nuestra aplicación.

Declaramos la clase asíncrona que vamos a utilizar y heredamos de *AsyncTask*, comenzaremos definiendo un *onPreExecute* aprovechándonos de la superclase:

```java
public class Asincrona extends AsyncTask {
    protected void onPreExecute(){
        super.onPreExecute();
    }
```

Ahora en *doInBackground* colocamos lo que queremos hacer, en este caso es un *for* que va del 0 al 1 y después de un retraso imprime en Eclipse por la consola el valor de *"i"* en ese momento:

```java
protected Object doInBackground(Object... params) {
    // TODO Auto-generated method stub
    for (int i = 0; i < 5; i++) {
        try {
            Thread.sLeep(1000);
            System.out.println(i);
        } catch (InterruptedException e) {
            Thread.interrupted();
        }
    }
    return "Executed";


}
```

No tenemos definido un *onProgressUpdate* para que veamos que en nuestro ejercicio como comentamos anteriormente no es necesario declarar los 4 métodos, además de que también los podemos declarar pero vacíos en caso de no utilizarlos, como hacemos con *onPostExecute*.

```java
protected void  onPostExecute(Void args) {

    }
```

Ahora explicaremos nuestro archivo *MainActivity* que tiene el siguiente código:

```java
package com.example.ejemplohilos;

import android.app.Activity;
import android.content.Context;
import android.os.Bundle;
import android.view.Menu;
import android.view.MenuItem;
import android.view.View;
import android.view.View.OnClickListener;
import android.widget.Button;

public class MainActivity extends Activity{
    Button boton;

    @Override
    protected void onCreate(Bundle savedInstanceState) {
        super.onCreate(savedInstanceState);
        setContentView(R.layout.activity_main);

        boton = (Button)findViewById(R.id.boton);
        boton.setOnClickListener(new OnClickListener() {

            @Override
            public void onClick(View v) {
                // TODO Auto-generated method stub
                new Asincrona().execute();

            }
        });

    }


    @Override
    public boolean onCreateOptionsMenu(Menu menu) {
```

```
            // Inflate the menu; this adds items to the action bar
if it is present.
            getMenuInflater().inflate(R.menu.main, menu);
            return true;
        }


        @Override
        public boolean onOptionsItemSelected(MenuItem item) {
            // Handle action bar item clicks here. The action bar
will
            // automatically handle clicks on the Home/Up button,
so long
            // as you specify a parent activity in
AndroidManifest.xml.
            int id = item.getItemId();
            if (id == R.id.action_settings) {
                return true;
            }
            return super.onOptionsItemSelected(item);
        }



    }
```

Declaramos la actividad principal y heredamos de *Activity,* declaramos el botón que utilizaremos más adelante.

```
    public class MainActivity extends Activity{
        Button boton;
```

Hacemos que el elemento botón que declaramos del XML sea enlazado al botón que declaramos en el código y le agregamos el *OnClickListene*r para que suceda algo al ser presionado. Dentro del *onClick* creamos la tarea asíncrona colocamos *new,* luego el nombre de la clase seguido de *.execute().*

```
            boton = (Button)findViewById(R.id.boton);
            boton.setOnClickListener(new OnClickListener() {

                @Override
                public void onClick(View v) {
                    // TODO Auto-generated method stub
```

```
            new Asincrona().execute();

        }
    });

}
```

La interfaz se ve así:

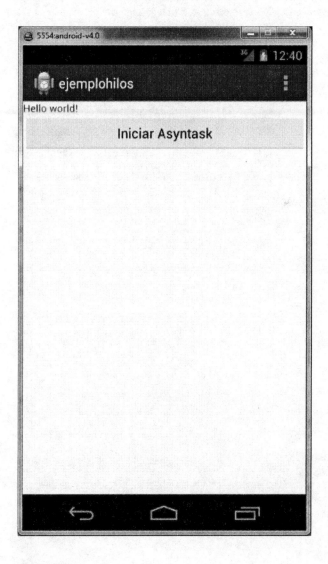

El resultado lo podemos ver en el *LogCat*:

:laration ⬜ Console 🔊 LogCat ⊠

Search for messages. Accepts Java regexes. Prefix with pid:, app:, tag: or text: to limit scope.

L...	Time	PID	TID	Application	Tag	Text
I	12-01 00:45:3...	624	640	com.example.eje...	System.out	0
I	12-01 00:45:3...	624	640	com.example.eje...	System.out	1
I	12-01 00:45:3...	624	640	com.example.eje...	System.out	2
I	12-01 00:45:3...	624	640	com.example.eje...	System.out	3
I	12-01 00:45:4...	624	640	com.example.eje...	System.out	4

LLAMADAS Y ENVIAR SMS

Para este ejercicio de las llamadas vamos a crear una interfaz que tenga un botón, este es el encargado de realizar la llamada en el momento de ser presionado al número que coloquemos, en este ejercicio el número es fijo, para ampliar el ejercicio yo recomendaría realizar una interfaz con un *EditText* y tomar de ahí el número.

El código de la interfaz gráfica es el siguiente:

```xml
<RelativeLayout
xmlns:android="http://schemas.android.com/apk/res/android"
    xmlns:tools="http://schemas.android.com/tools"
    android:layout_width="match_parent"
    android:layout_height="match_parent"
    android:paddingBottom="@dimen/activity_vertical_margin"
    android:paddingLeft="@dimen/activity_horizontal_margin"
    android:paddingRight="@dimen/activity_horizontal_margin"
    android:paddingTop="@dimen/activity_vertical_margin"
    tools:context="com.example.ejemplollamadas.MainActivity" >

    <Button
        android:id="@+id/boton"
        android:layout_width="match_parent"
        android:layout_height="wrap_content"
        android:text="@string/llamar" />

</RelativeLayout>
```

Tenemos un *RelativeLayout* con un ancho y alto del tamaño del padre, dentro de los atributos que colocamos tenemos el *padding* para separar los elementos que estarán contenidos. Agregamos un botón al que le ponemos un *ID "boton"* y el texto lo tomamos de la cadena de texto denominada *"llamar"*.

El código del *MainActivity.java* es el siguiente:

```java
package com.example.ejemplollamadas;

import android.app.Activity;
import android.content.Intent;
import android.net.Uri;
import android.os.Bundle;
import android.view.Menu;
import android.view.MenuItem;
import android.view.View;
import android.view.View.OnClickListener;
import android.widget.Button;

public class MainActivity extends Activity implements
OnClickListener {
    Button boton;
    @Override
    protected void onCreate(Bundle savedInstanceState) {
        super.onCreate(savedInstanceState);
        setContentView(R.layout.activity_main);

        boton = (Button) findViewById(R.id.boton);
        boton.setOnClickListener(this);
    }

    @Override
    public boolean onCreateOptionsMenu(Menu menu) {
        // Inflate the menu; this adds items to the action bar
if it is present.
        getMenuInflater().inflate(R.menu.main, menu);
        return true;
    }

    @Override
    public boolean onOptionsItemSelected(MenuItem item) {
        // Handle action bar item clicks here. The action bar
will
        // automatically handle clicks on the Home/Up button,
so long
```

```
                // as you specify a parent activity in
AndroidManifest.xml.
        int id = item.getItemId();
        if (id == R.id.action_settings) {
            return true;
        }
        return super.onOptionsItemSelected(item);
    }

    @Override
    public void onClick(View v) {
        // TODO Auto-generated method stub
        switch (v.getId()) {
        case R.id.boton:
            llamar();
            break;

        default:
            break;
        }
    }

    private void llamar(){
        Uri uri = Uri.parse("tel:9981662778");
        Intent intent = new Intent(Intent.ACTION_DIAL,uri);
        startActivity(intent);
    }
}
```

Comenzamos declarando la actividad, implementando el *OnClickListener* y declaramos un elemento botón:

```
    public class MainActivity extends Activity implements
OnClickListener {
        Button boton;
```

Enlazamos el elemento botón que declaramos con el que tenemos en el XML y habilitamos el *OnClickListener* para este botón:

```
    boton = (Button) findViewById(R.id.boton);
    boton.setOnClickListener(this);
```

En el *onClick* creamos el caso para el *R.id.boton* y dentro de este llamamos un método *void* que lleva el nombre *"llamar"*:

```
public void onClick(View v) {
        // TODO Auto-generated method stub
        switch (v.getId()) {
        case R.id.boton:
            llamar();
            break;

        default:
            break;
        }
    }
```

En el método *"void llamar"* lo que hacemos es utilizar una clase *Uri* y aprovechar sus características para colocar el prefijo *"tel"* seguido por el número al que vamos a llamar.

Después utilizamos la clase *Intent* para invocar a una llamada con la instrucción Intent.ACTION_DIAL.

Finalmente la línea que realiza la ejecución de la llamada es la que inicia la actividad *"startActivity"*, el código es el siguiente:

```
private void llamar(){
        Uri uri = Uri.parse("tel:9981662778");
        Intent intent = new Intent(Intent.ACTION_DIAL,uri);
        startActivity(intent);
    }
```

*Nota: en el caso de querer realizar la llamada de forma directa sin esperar la confirmación del usuario, cambiamos la línea del *intent* por la siguiente:

```
Intent intent = new Intent(Intent.ACTION_CALL,uri);
```

Cualquiera de las dos realizaría la llamada.

Permisos para hacer llamada

Para realizar la llamada no debemos olvidar modificar el *manifest* y agregar el permiso correspondiente, en este caso el permiso que necesitamos es el de *"llamar",* agregaríamos la siguiente línea al *manifest*:

```
    <uses-permission
android:name="android.permission.CALL_PHONE"/>
```

Esta línea se recomienda colocarla antes de la etiqueta *"application"*.

La pantalla principal lucirá así:

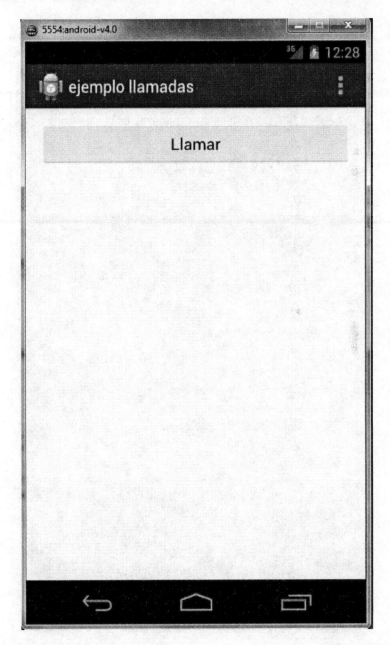

Al hacer clic en la instrucción *Intent.ACTION_DIAL* solo nos solicita la confirmación del número; aparece lo siguiente:

En el caso de utilizar ACTION_CALL nos marcará el número de manera automática como la siguiente pantalla:

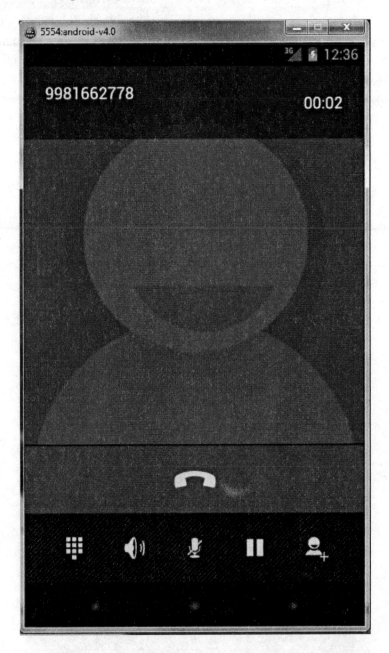

Envío de SMS

La interfaz gráfica está compuesta por un *RelativeLayout* que contiene un botón, este contiene el texto *"Enviar SMS"* y al recibir el clic enviará un sms a un teléfono que colocamos en el código y con un texto fijo, pero este texto bien podría ser un *EditText* que podríamos tomar como cualquier *EditText* que hemos tomado con anterioridad en capítulos y además manipularlo como cualquier cadena de texto.

Así se ve la interfaz:

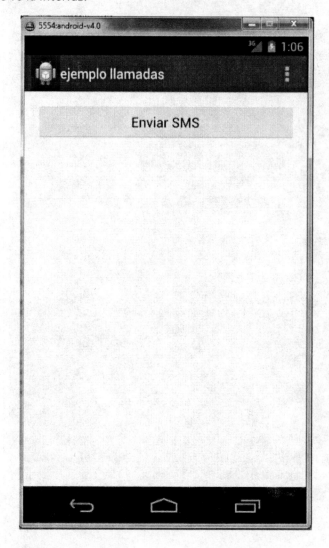

El código es el siguiente:

```xml
<RelativeLayout
xmlns:android="http://schemas.android.com/apk/res/android"
    xmlns:tools="http://schemas.android.com/tools"
    android:layout_width="match_parent"
    android:layout_height="match_parent"
    android:paddingBottom="@dimen/activity_vertical_margin"
    android:paddingLeft="@dimen/activity_horizontal_margin"
    android:paddingRight="@dimen/activity_horizontal_margin"
    android:paddingTop="@dimen/activity_vertical_margin"
    tools:context="com.example.ejemplollamadas.MainActivity" >

    <Button
        android:id="@+id/boton"
        android:layout_width="match_parent"
        android:layout_height="wrap_content"
        android:text="@string/enviar" />

</RelativeLayout>
```

El código del archivo *MainActivity.java* es el siguiente:

```java
package com.example.ejemplollamadas;

import android.app.Activity;
import android.content.Intent;
import android.net.Uri;
import android.os.Bundle;
import android.view.Menu;
import android.view.MenuItem;
import android.view.View;
import android.view.View.OnClickListener;
import android.widget.Button;

public class MainActivity extends Activity implements
OnClickListener {
    Button boton;
    @Override
    protected void onCreate(Bundle savedInstanceState) {
        super.onCreate(savedInstanceState);
        setContentView(R.layout.activity_main);

        boton = (Button) findViewById(R.id.boton);
        boton.setOnClickListener(this);
```

```
        }

        @Override
        public boolean onCreateOptionsMenu(Menu menu) {
            // Inflate the menu; this adds items to the action bar
if it is present.
            getMenuInflater().inflate(R.menu.main, menu);
            return true;
        }

        @Override
        public boolean onOptionsItemSelected(MenuItem item) {
            // Handle action bar item clicks here. The action bar
will
            // automatically handle clicks on the Home/Up button,
so long
            // as you specify a parent activity in
AndroidManifest.xml.
            int id = item.getItemId();
            if (id == R.id.action_settings) {
                return true;
            }
            return super.onOptionsItemSelected(item);
        }

        @Override
        public void onClick(View v) {
            // TODO Auto-generated method stub
            switch (v.getId()) {
            case R.id.boton:
                enviarSms();
                break;

            default:
                break;
            }
        }

        private void enviarSms(){
            Uri uri = Uri.parse("smsto:9981662778");
            Intent intent = new Intent(Intent.ACTION_SENDTO,uri);
            intent.putExtra("sms_body", "Hola mundo de msg");
            startActivity(intent);
        }
    }
```

Primero declaramos la actividad, hacemos la herencia correspondiente e implementamos el *OnClickListener,* además declaramos el elemento botón que vamos a utilizar más adelante.

```
public class MainActivity extends Activity implements
OnClickListener {
    Button boton;
```

Enlazamos el botón gráfico al elemento que declaramos y habilitamos el *OnClickListener*:

```
boton = (Button) findViewById(R.id.boton);
boton.setOnClickListener(this);
```

En el *onClick* creamos el caso para el botón y mandamos a llamar al método *void enviarSms* que declararemos más adelante:

```
@Override
    public void onClick(View v) {
        // TODO Auto-generated method stub
        switch (v.getId()) {
        case R.id.boton:
            enviarSms();
            break;

        default:
            break;
        }
    }
```

En el método *void enviarSms* utilizamos la clase *Uri* para colocar el prefijo *smsto* seguido del número al que deseamos enviar el sms. Después creamos un *intent* y utilizamos la instrucción *Intent.ACTION_SENDTO* que es la que le notifica que lo que realizaremos será un envío.

Para colocar un texto al sms lo que hacemos es utilizar el *.putExtra* y este nos permite colocar el cuerpo del sms si colocamos como nombre de la cadena: *"sms_body"* seguido por cualquier texto que deseemos colocar entre comillas. Al final tenemos que iniciar el *intent* como cualquier otro.

```
private void enviarSms(){
        Uri uri = Uri.parse("smsto:9981662778");
        Intent intent = new Intent(Intent.ACTION_SENDTO,uri);
```

```
        intent.putExtra("sms_body", "Hola mundo de msg");
        startActivity(intent);
    }
```

Para finalizar tenemos que agregar un permiso en el *manifest* para enviar sms:

```
<uses-permission android:name="android.permission.SEND_SMS"/>
```

Al hacer clic en el botón nos envía a una pantalla para confirmar el envío del sms:

PUBLICAR UNA APLICACIÓN

Para publicar una aplicación necesitamos seguir una serie de pasos que con el tiempo pueden ir cambiando dependiendo de la Play Store. Primero necesitamos saber que tendremos que generar un archivo .APK. Este archivo es una forma de compresión que se genera en Eclipse y es el instalador de la aplicación. Por eso la forma más común de piratería en Android es obtener el archivo .APK e instalarlo en cualquier equipo bajo ninguna restricción.

Generar APK

APK es un formato de compresión, es decir, que si nuestra aplicación pesa 100 Mb, probablemente después de generar el APK el instalador puede llegar de una forma muy sencilla a pesar 1 a 3 Mb, no es necesario buscar un formato de compresión extra, es muy poco probable que se pueda optimizar aún más el tamaño y sin generar algún error en el archivo. Por recomendación diríamos que siempre debemos de utilizar únicamente el formato .APK.

Para crear el APK de una aplicación cualquier vamos a Eclipse, del Package Explorer que es en donde vemos los archivos del lado izquierdo, seleccionamos un proyecto y pulsamos botón derecho, después seleccionamos la opción *Export*:

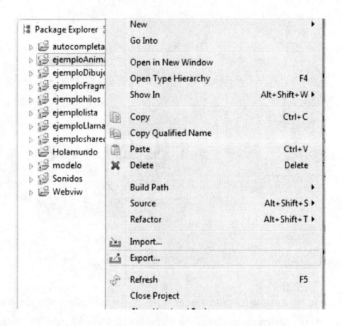

Continuamos seleccionando la opción *Android* y la subopción *Export Android Application*, ahora hacemos clic en *Next* y nos aseguramos de que sea el proyecto correcto:

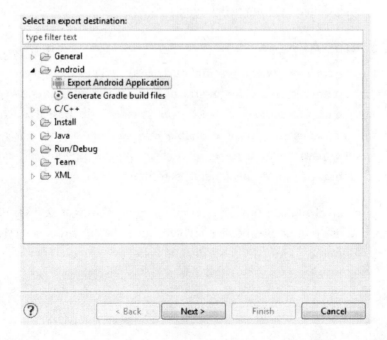

Nos aseguramos de que el proyecto que deseamos exportar sea el que seleccionamos:

Ahora nos pide para continuar con la creación del APK una llave o *Keystore*. Esta sirve al crear la aplicación, la subimos a la tienda y realizamos una actualización, necesitamos siempre la llave ya que es un método de seguridad que nos identifica como propietarios, diríamos que en el momento de crear la "Keystore" estamos firmando nuestra aplicación. Esto asegura que solo nosotros podemos modificarla.

En caso de ser una actualización seleccionamos la llave creada anteriormente, pero como en este caso al ser nueva, seleccionamos la opción de una nueva y asignamos la ruta para colocar el archivo que se generará, un password y una contraseña que nos solicitará siempre que intentemos actualizar:

A continuación nos solicitará una serie de datos que no tenemos que introducir en su totalidad, depende del desarrollador pero sí debemos de colocar los primeros 5 que nos solicita:

Alias: es un alias para la Keystore.

Password: contraseña.

Confirm: confirmar la contraseña anterior.

Validity: aquí colocamos el valor en años del tiempo de vida de la keystore, normalmente muchos desarrolladores le colocan 99 años, pero se puede colocar desde 1 año.

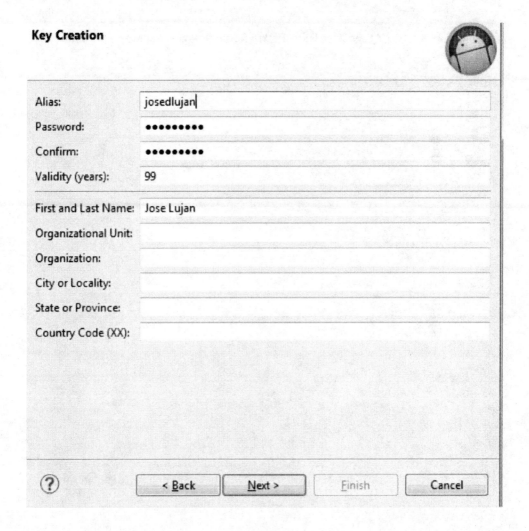

Los demás campos son básicos como el nombre, organización, ciudad, etc.

Seleccionamos una ruta destino para el APK que vamos a crear:

Destination and key/certificate checks

Destination APK file: C:\Users\Jose Lujan\Desktop\ejemploAnimaciones.apk   [Browse...]

Certificate expires in 99 years.

[< Back]   [Next >]   [**Finish**]   [Cancel]

Si revisamos la ruta de destino encontraremos el archivo apk y la llave o firma que creamos.

Subir archivo a la Playstore

Antes de subir una aplicación debemos realizar un registro como programadores con Google.

Podemos entrar en el siguiente enlace:

https://play.google.com/apps/publish/signup/

Se van a solicitar varios datos pero dos son los importantes, que aceptes el acuerdo de distribución y pagar la cuota de 25 dólares. Esta cuota es única, así que solo debes pagar una vez y podrás subir cualquier cantidad de aplicaciones que desarrolles. La activación como desarrollador puede tardar hasta 48 horas.

Cuando estemos trabajando como desarrolladores, significa que tenemos acceso a la consola de desarrollo y es ahí donde subiremos nuestro archivo apk, además de configurar todo lo necesario para publicar nuestra aplicación.

Para acceder a la consola de la Playstore podemos escribir en el navegador Google, "consola playstore" o teclear la siguiente dirección de forma directa:

https://play.google.com/apps/publish/

Lo que veremos en la consola siempre varía dependiendo de las actualizaciones, la interfaz como la conocemos en determinada fecha va a ir cambiando con el paso del tiempo.

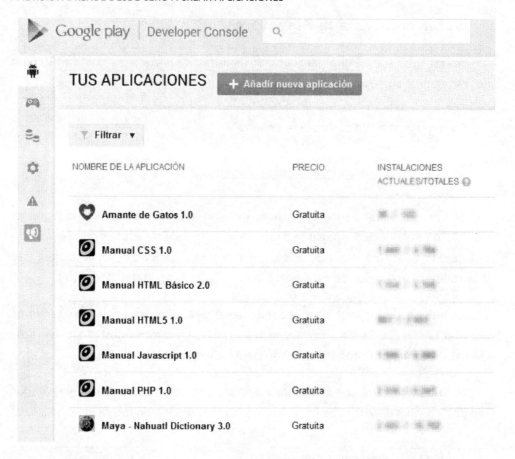

hacemos clic en el botón que dice añadir nueva aplicación y veremos una nueva ventana que nos solicita el idioma predeterminado y el nombre de la aplicación. Podemos subir el apk desde ahí o preparar la ficha de la Playstore, la ficha es toda la descripción, imágenes, vídeos y textos que vemos en el momento de entrar a la tienda de aplicaciones de cada una de ellas.

Subir el apk es muy sencillo, es como adjuntar un archivo a un correo, buscamos la ubicación, lo seleccionamos y listo. En caso de que esté dañado el archivo lo notificará:

AÑADIR NUEVA APLICACIÓN

Idioma predeterminado *

| Español (Latinoamérica) - es-419 | ▾ |

Nombre *

| Aplicacion ejemplo |

18 de 30 caracteres

¿Cómo te gustaría empezar?

| Subir APK | Preparar ficha de Play Store | Cancelar |

La ficha de información del producto nos indica en cada caso y en cada pestaña del idioma muy bien qué es lo que tenemos que introducir:

Título de la aplicación: máximo 30 caracteres.

Descripción breve: máximo 80 caracteres.

Descripción completa: máximo 4000 caracteres.

Encontraremos algo como la siguiente imagen:

INFORMACIÓN DEL PRODUCTO

Más abajo nos solicita el material gráfico para cada una de las resoluciones para las que está preparada nuestra aplicación: teléfono, 7 pulgadas, 10 pulgadas y TV si es el caso:

Teléfono

Tablet de 7 pulgadas

  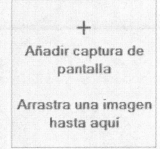

Tablet de 10 pulgadas

  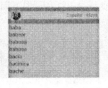 

A continuación nos solicita:

- Icono de alta resolución que tiene que ser de 512x512 px.
- Imagen destacada de 1024x500px.
- Imagen promocional 180x120px.
- Banner de TV 320 x180 px.
- Vídeo promocional con el enlace de este a Youtube.

Icono de alta resolución *

Inglés (Estados Unidos) – en-US (predeterminado)
512 x 512
Archivo PNG de 32 bits (alfa)

Imagen destaca

Inglés (Estados U
1024 x 500
Archivo JPG o PN

Banner de TV

Inglés (Estados Unidos) – en-US (predeterminado)
320 an x 180 al
Archivo JPG o PNG de 24 bits (no alfa)

Finalmente colocamos la categoría del producto, además de los datos de contacto como un sitioweb, correo electrónico y teléfono.

Luego agregamos una política de privacidad si es necesario apuntando a una web con esa información, solo colocando la *URL*.

Precio y distribución

En el caso de que nuestra aplicación sea gratuita solo tenemos que asignarle que es gratuita en la pestaña de "Precio y distribución".

En el caso de desear cobrar por la aplicación el paso es mucho más complicado, tenemos que crear una cuenta de comerciante y este procedimiento varía un poco para cada país, comenzando por el caso de que en unos países no se permite y en otros sí.

Solo tenemos que seguir los pasos que nos va a ir proporcionando Google para cada país, en realidad no los explicamos en detalle ya que para cada país de habla hispana tendríamos que explicar las excepciones y características.

260

Finalizar publicación

Si ya subimos la mínima información de la ficha de la Playstore, además ya colocamos el precio y aceptamos las políticas de distribución, en la parte superior izquierda encontraremos un botón al que tendremos que darle clic para publicar la aplicación, este botón es el que aparece desde que subimos el apk o entramos a llenar la ficha de descripción e información, pero solamente se habilita hasta que tenemos el mínimo:

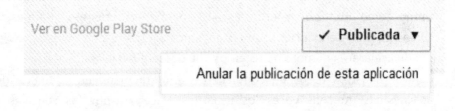

Finalmente en un lapso de máximo 48 horas encontraremos la aplicación en la Playstore, puede ser que desde 4 horas después de hacer clic en la aplicación en la opción *publicada* la encontremos en la tienda.

Recomendaciones al publicar una aplicación

- Tener un sitio web de la aplicación, sea de pago o gratis el tener un sitio web de nuestra aplicación, con más información o con los datos de contacto genera confianza en la marca y en nuestro trabajo, además de que también se pueden dar a conocer otras aplicaciones o hasta trabajos para otras plataformas.
- Revisar comentarios en la Playstore, actualmente ya se pueden contestar comentarios que los usuarios realizan en la Playstore, es importante atenderlos y escucharlos.
- Crear las imágenes específicas para cada tamaño, ya que nos permite enseñarle al usuario de forma real cómo se va a ver la aplicación cuando este la instale.

- Actualizar la aplicación constantemente, cuando una aplicación se descarga en muchos casos se abandona, esto ocasiona el malestar del usuario y más si es una aplicación de pago, si mantenemos constantes mejoras y resolvemos problemas que se presenten, ganamos un usuario feliz.

- Mantener monitoreadas las estadísticas, estas nos arrojan bastante información y posibles oportunidades de mercado si sabemos qué es lo que sucede, por ejemplo qué dispositivos y marcas son las que más usan los usuarios con nuestra aplicación, entre otros.

- Acercarnos a blogs que generen reseñas de aplicaciones, muchos usuarios toman como puntos de referencias estos, para ahorrar tiempo y para estar cercarnos a las tendencias, que obtengamos alguna reseña de estos blogs puede acelerar el número de usuarios que descarguen la aplicación.

- Colocar nuestros datos de contacto de primera mano en la tienda de aplicaciones, muchas veces los usuarios buscan respuestas sencillas y concretas, si colocamos un mail o medio de contacto, ayuda a que el usuario sienta que no está solo en el momento de descargar y tener dudas de nuestra aplicación.

- Solo dejar nuestra aplicación descargable para los idiomas que la hicimos, si la dejamos para más lenguajes de los que soportamos, generaríamos malas valoraciones que a largo plazo se vuelven negativas.

- Tener siempre en mente los tamaños de pantallas, densidades de pantalla y modos de vista, vertical y horizontal, ya que estos hacen más atractiva la usabilidad para el usuario.

ÍNDICE ANALÍTICO

Esta edición se terminó de imprimir en **septiembre** *de* **2015.** *Publicada por*
ALFAOMEGA GRUPO EDITOR, S.A. de C.V. *Pitágoras No. 1139*
Col. Del Valle, Benito Juárez, C.P. 03311, México, D.F.
La impresión y encuadernación se realizó en
los talleres de **Master Copy S.A. de C.V.**
Av. Coyoacán #1450 Col. Del Valle, Benito Juárez, C.P. 03100, México, D.F.